AUTORES:

JOSÉ MARÍA CAÑIZARES MÁRQUEZ
CARMEN CARBONERO CELIS

COLECCIÓN OPOSICIONES MAGISTERIO: EDUCACIÓN FÍSICA

CÓMO EXPONER LAS UNIDADES DIDÁCTICAS INTEGRADAS (UDI) EN EDUCACIÓN FÍSICA

OPOSICIONES DE ACCESO AL CUERPO DE MAESTROS

COLECCIÓN OPOSICIONES MAGISTERIO: EDUCACIÓN FÍSICA

José Mª Cañizares Márquez

- Catedrático de Educación Física
- Tutor del Módulo del Practicum del Master de Secundaria
- Especialista en preparación de opositores
- Autor de numerosas obras sobre Educación y Preparación Física

Carmen Carbonero Celis

- D. E. A. en Instituciones Educativas
- Licenciada en Pedagogía
- Didacta del Módulo de Pedagogía General (CAP)
- Maestra de Primaria en centros de Ed. Compensatoria
- Especialista de Pedagogía Terapéutica en centros de Ed. Primaria e IES
- Autora de numerosas obras sobre educación, tanto en Ed. Primaria como en Secundaria.
- Publicaciones en Jornadas y Congresos Universidad de Sevilla

©Copyright: JOSÉ MARÍA CAÑIZARES MÁRQUEZ Y CARMEN CARBONERO CELIS
©Copyright: De la presente Edición, Año 2018 WANCEULEN EDITORIAL

Título: CÓMO EXPONER LAS UNIDADES DIDÁCTICAS INTEGRADAS (UDI) EN EDUCACIÓN FÍSICA. OPOSICIONES DE ACCESO AL CUERPO DE MAESTROS

Autores: JOSÉ MARÍA CAÑIZARES MÁRQUEZ Y CARMEN CARBONERO CELIS

Editorial: WANCEULEN EDITORIAL
Sello Editorial: WANCEULEN EDITORIAL DEPORTIVA

ISBN (PAPEL): 978-84-9993-865-3
ISBN (EBOOK): 978-84-9993-866-0

Impreso en España. 2018.

WANCEULEN S.L.
C/ Cristo del Desamparo y Abandono, 56 - 41006 Sevilla
Dirección web: www.wanceuleneditorial.com y www.wanceulen.com
Email: info@wanceuleneditorial.com

Reservados todos los derechos. Queda prohibido reproducir, almacenar en sistemas de recuperación de la información y transmitir parte alguna de esta publicación, cualquiera que sea el medio empleado (electrónico, mecánico, fotocopia, impresión, grabación, etc), sin el permiso de los titulares de los derechos de propiedad intelectual. Cualquier forma de reproducción, distribución, comunicación pública o transformación de esta obra solo puede ser realizada con la autorización de sus titulares, salvo excepción prevista por la ley. Diríjase a CEDRO (Centro Español de Derechos Reprográficos, www.cedro.org) si necesita fotocopiar o escanear algún fragmento de esta obra.

PRÓLOGO

El acceso a la función pública se caracteriza fundamentalmente por generar un proceso intenso y extenso en el tiempo de preparación del futuro docente. La actual estructura del sistema de oposiciones, los proyectos de cambio y la incertidumbre que acompaña a los mismos, hace que los autores sean sensibles a todo ello y aborden con rigor y profundidad la preparación de las quince Unidades Didácticas Integradas que siempre, en éste u otro número, van a estar en la exigencia curricular de las sucesivas convocatorias.

Es por ello que este libro sobre cómo exponer las UDI en las oposiciones, se ofrece como referente válido por su gran capacidad de síntesis, por presentar unos contenidos prácticos actualizados y novedosos aunque sin olvidar los pilares clásicos que sustentan la teoría y ayudar a su exposición, en un encomiable buen hacer didáctico.

Ofrecen a quienes opositan una guía con propuestas de calidad en unas coordenadas bien ajustadas a los criterios de evaluación de los tribunales. Es de fácil acceso a la consulta por tener formato libro, con bibliografía y webgrafía actualizada. Esto permite a cada persona interesada individualizar su propuesta y que ésta sea muy creativa y original.

Los autores reúnen un amplio bagaje conceptual y práctico ya que han trabajado en todas las etapas y han transitado por toda la oferta educativa (Primaria, Especial, Compensatoria, Secundaria, Bachillerato, Formación de Técnicos Deportivos, y Universidad), aportando sus conocimientos e investigaciones tanto en la Educación Física como en la Psicopedagogía y Didáctica. También poseen una dilatada experiencia en la preparación de oposiciones.

En cuanto a investigación educativa tienen publicados numerosos libros, videos, así como ponencias y comunicaciones en Jornadas y Congresos.

En resumen, un magnífico volumen actualizado a 2018 y válido no sólo para personas que desean opositar, sino, dada su variedad temática, muy interesante para estudiantes de Magisterio en general y para docentes en ejercicio.

Recibid mi felicitación.

J. Ignacio Manzano Moreno

- Licenciado en Educación Física
- Presidente del C.O.L.E.F. de Andalucía
- Miembro del Consejo Andaluz del Deporte
- Profesor del CEU-S. Pablo. Universidad de Sevilla
- Asesor de Educación Física del CEP de Sevilla

ÍNDICE

PRÓLOGO 5

INTRODUCCIÓN 9

1.- CRITERIOS DE EVALUACIÓN QUE SUELEN TENER EN CUENTA LOS TRIBUNALES. 13

    1.1.- Criterios a tener en cuenta en la exposición de la Unidad Didáctica Integrada que vienen especificados en la Convocatoria de Andalucía de 2015 y 2017 13

    1.2.- Criterios de evaluación en la exposición oral de la unidad didáctica en la C. A. de Castilla-La Mancha (2016) 15

    1.3. Criterios de evaluación en la exposición oral de la unidad didáctica en la C. A. de Extremadura (2016) 16

    1.4. Ejemplo de lista de control usado por los tribunales 17

2.- ESTRATEGIAS Y RECOMENDACIONES PARA LA EXPOSICIÓN DESARROLLADA DE LA U.D.I., DENTRO DE LA PRUEBA ORAL, EN EL SISTEMA DE ACCESO A LA FUNCIÓN PÚBLICA DOCENTE. 18

    2.1. Los recursos de apoyo 19

    2.2.- Los tres momentos de la exposición oral 22

    2.3. Otras indicaciones sobre cómo realizar la defensa de la UDI en el examen oral 59

    2.4. Los esquemas de apoyo.. 60

    2.5. Guión-tipo de ejemplos de argumentos a usar en la exposición oral de la UDI 67

CONCLUSIONES.. 98

BIBLIOGRAFÍA.. 99

WEBGRAFÍA 100

INTRODUCCIÓN.

Con este **sexto volumen**, que completa a los anteriores dedicados al Temario (versión extensa y resumida), Casos Prácticos, Guía para la realización de la Programación Didáctica (incluye guía para su defensa) y Guía para la realización de las UDI, finalizamos la "Colección Oposiciones".

Esta Guía se ajusta a las normas de las Convocatorias de Andalucía 2015 y 2017 y que suponemos serán similares para la de 2019 y sucesivas, aunque tendremos que **adaptarla** a los aspectos formales que nos soliciten.

Si **resumimos** lo concerniente a las Unidades Didácticas Integradas (UDI) expuesto en las últimas convocatorias, aquéllas deben ir, en un número de quince (aunque la **tendencia** es a **disminuir** esta cifra), junto a la Programación Didáctica a entregar, todo ello utilizando un procesador de textos, con letra Times New Roman 12 sin comprimir o similar, y no suponiendo más de 50 páginas en su totalidad.

"Deberán entregarse al Tribunal el día del acto de presentación y se defenderá la Programación Didáctica y se expondrá la UDI ante el mismo en el momento en el que se convoque a tal efecto al personal aspirante". *"Para **exponerla**, el opositor elegirá una unidad entre tres extraídas al azar por él mismo de su programación. Dispondrá de una hora para su preparación, pudiendo utilizar el material que considere oportuno, sin posibilidad de conexión con el exterior, por lo que no se podrá utilizar ordenadores portátiles, teléfonos móviles o cualquier otro dispositivo informático o electrónico. A tal efecto, el tribunal velará por el cumplimiento de estos extremos".*

"En su elaboración deberán concretarse los objetivos, contenidos, tareas, actividades y ejercicios de enseñanza y aprendizaje que se van a plantear en el aula (tareas, actividades, ejercicios), los procedimientos de evaluación: criterios y estándares de aprendizaje, herramientas de evaluación (rúbrica), indicadores, tipos de pensamiento o procesos cognitivos implicados, contextos y la atención al alumnado con necesidades específicas de apoyo educativo".

"Para su exposición, el opositor podrá utilizar el material auxiliar sin contenido curricular que considere oportuno, que deberá aportar el mismo, así como un guión que no excederá de una cara de un folio y que deberá entregar al tribunal al término de la exposición. El referido material auxiliar servirá para apoyar la exposición mediante la utilización de recursos didácticos no electrónicos ni susceptibles de reproducción electrónica. En todo caso, los órganos de selección velarán por que dicho material auxiliar no implique una desigualdad de trato en el desarrollo de esta parte del procedimiento selectivo".

"La exposición de la UDI tendrá una duración máxima de 30 minutos. El tribunal valorará en esta prueba la exposición clara, ordenada y coherente de los conocimientos del personal aspirante, la precisión terminológica, la riqueza léxica, la sintaxis fluida y sin incorrecciones, así como la debida corrección ortográfica en la escritura".

De todas maneras, debemos **ajustar** nuestro discurso de la exposición oral a lo que realmente nos **exija** la Orden de **Convocatoria** que presentemos y expongamos.

En la elaboración de esta **Guía** hemos **seguido** los siguientes documentos:

1. La **legislación** básica a nivel nacional y autonómico (Andalucía), aunque adaptable al resto de las comunidades autónomas. Todo ella emana de la

modificación que hace de la LOE/2006 la LOMCE/2013, actualizada a 2016.

2. Lo expresado por los **documentos** del Proyecto de Integración de las Competencias Básicas en Andalucía (**PICBA** - CEJA) y del Centro Nacional de Innovación e Investigación Educativa (**CNIIE** - MEC). Igualmente, algunos de los trabajos de los docentes asistentes a los mismos y que están en la web de la Consejería de Educación de la Junta de Andalucía. Por ejemplo:

   -http://www.juntadeandalucia.es/averroes/centros-tic/29011588a/helvia/sitio/upload/3

   - http://cursoabpcepmotril.wikispaces.com/file/view/UDIPROYECTOMBELEN

3. El libro "*Guía sobre buenas prácticas docentes para el desarrollo en el aula de las competencias básicas del alumnado*", editado por la CEJA en 2012.

4. Las normas que la CEJA indica en su documento publicado dentro de la Plataforma Averroes, centros TIC: http://www.juntadeandalucia.es/averroes/centros-tic/29003397/helvia/sitio/upload/CRITERIOSGENERALESPARALAELABORACIONDELASPROGRAMACIONESDIDACTICAS1.pdf

5. Los propios **criterios de evaluación** de los **tribunales** en las oposiciones al Cuerpo de Maestros en Andalucía de **2015**, que especifican si el opositor ha tratado los **elementos** que estructuran las UDI, y que adjuntamos en la primera parte de este mismo volumen. Fueron aportados por la propia Consejería a modo de "guía" sobre los criterios de evaluación a seguir los tribunales en las oposiciones de dicho año.

6. Las **experiencias** de los **autores** en su actividad diaria.

7. El libro "***Unidades Didácticas Integradas. Guía para su realización***". De la Colección Oposiciones, Editorial Wanceulen, Sevilla (2018).

En **resumen,** nuestro **objetivo** es ofrecer una forma práctica de **realizar** la **exposición oral** exitosa de la UDI que elijamos de las que nos toquen en el sorteo.

Las Unidades a realizar en un curso están en función de los diversos apartados tratados en la Programación Didáctica. Así, tenemos que entender las UDI como la **concreción** de aquélla a través de quince "capítulos" (o los que pida en su momento la Orden de la Convocatoria) relacionados entre sí.

Una persona que oposita sin experiencia en la preparación posiblemente se preocupará ante el reto que le supone prepararse el "discurso" para la defensa de las quince UDI, coherentes al mismo tiempo con una Programación Didáctica no real, a partir de un entorno muchas veces inexistente y donde aplicará unos objetivos, contenidos, etc. descontextualizados.

Esta **Guía** pretende ser un documento **aclaratorio** y **vertebrador** de la exposición, una ayuda para superar la última prueba del proceso de Acceso a la Función Pública. Presenta muchas posibilidades de **personalización**, por lo que va a permitir constituir un trabajo **original y propio** con las ventajas que conlleva. Sobre todo, si el Tribunal nos hace determinadas preguntas sabremos salir airoso de las mismas, porque para eso lo hemos trabajado.

Exponemos herramientas y estrategias para que cada interesado las personalice y extraiga el máximo provecho, resultando un trabajo **original y propio** con las ventajas que conlleva.

Para ello presentamos numerosos ejemplos sobre posibilidades de **anexos** a desplegar durante nuestra exposición oral ante el Tribunal, con objeto de individualizarla y que sea más creativa y real que las del resto de opositores. En cada punto de la UDI hemos indicado uno o varios anexos posibles a llevar, siempre que **nos lo permitan**.

Como punto final hemos incluido un **ejemplo-tipo de "discurso"** sobre argumentos a tener en cuenta en la exposición de la UDI modelo que también añadimos, con sus correspondientes **anexos**.

Los autores entendemos que la persona que oposita tiene que basarse para la realización y exposición oral de las UDI, en una parte "fija" similar para todos y otra "variable" al resto de los opositores.

a) **Fija**. Compuesta fundamentalmente por los **textos legislativos adaptados** al contexto, curso, etc. No debe variar mucho entre los opositores porque están recogidos en el currículum oficial, aunque apropiados a las características del grupo de referencia que hayamos expresado en la Programación Didáctica.

b) **Variable**. Basada en la creatividad, calidad y **riqueza** expositiva del propio opositor/a, sobre todo la hora de explicar ante el tribunal cómo va a llevar a cabo lo que aparece en las UDI que éste tiene sobre su mesa. Es lo que popularmente conocemos como "tablas" y que incluye el uso de la pizarra y medios multimedia si éstos son factibles de utilizar. Pero, independientemente de ello, normalmente nos permiten aportar "**anexos**" para ilustrar, aseverar y complementar nuestro discurso expositivo. Eso sí, unas veces nos comunica el Tribunal que es **imprescindible entregarlos en el acto de la Presentación**, junto a la Programación Didáctica y UDI, porque más adelante no lo permitirán. Pero en otras ocasiones el Tribunal nos pide que los **aportemos durante la defensa de la Programación o exposición de la UDI**. Por ello, en casi todos los apartados de la UDI hemos **incluido** al final del mismo un **ejemplo** de anexo a **aportar cuando nos lo permitan** y así perfeccionar nuestro trabajo escrito y oral y tener, por ende, opción a mejor calificación.

En cualquier caso, lo más importante es **respetar** escrupulosamente las **condiciones** de la Orden de la **Convocatoria** y las propias **indicaciones** de nuestro **Tribunal**, sobre todo lo relativo al **tiempo** límite de la exposición oral y otros **aspectos formales**, como lo referido antes sobre los anexos, pero siempre teniendo como referente los criterios de evaluación que nos vayan a aplicar.

El **valor** que tiene la exposición de la UDI ha sido variable en las últimas convocatorias. A modo de orientación indicamos que en la Convocatoria de Andalucía 2015, los porcentajes fueron:

1. Fase de Oposición: 2/3 de la nota final:

- Prueba escrita del tema: valor 50% nota 1ª prueba. Mínimo un 5.
- Prueba escrita práctica: valor 50% nota 1ª prueba. Mínimo un 5.
- Programación y su defensa: valor: 30% de la 2ª prueba. Mínimo un 5.
- **UDI: valor: 70% de la 2ª prueba. Mínimo un 5.**

2. Fase de Concurso: 1/3 de la nota final: Méritos: puntos por expediente académico; otros estudios (grado, idiomas, Máster, etc.); tiempo de servicios prestados, etc.

No obstante, todo dependerá de lo que nos indique en su día la Orden de la Convocatoria.

Tal y como hicimos en los volúmenes anteriores de la colección, pedir disculpas por si hemos cometido algunos errores involuntarios y ofrecer la siguiente dirección de correo por si cualquier lector o lectora desea ponerse en contacto con los autores para formularnos cualquier pregunta o sugerencia.

oposicionedfisica@gmail.com

¡Suerte!

1.- CRITERIOS DE EVALUACIÓN QUE SUELEN TENER EN CUENTA LOS TRIBUNALES.

Saber la forma que tienen los tribunales de evaluar los exámenes escritos y las exposiciones orales era un tanto difuso hasta hace muy poco. Lo que sus vocales nos solían transmitir es que "cada tribunal es independiente y no nos dan unos criterios fijos, tan sólo unas consideraciones generales". También nos dejaban las "guías" que habían elaborado para la ocasión. Ello llevó a que en unos tribunales las notas fueran muy altas y en otros todo lo contrario, con el consiguiente perjuicio a la hora de elaborar el puesto de escalafón y pedir plaza cada persona aprobada.

Esto ha cambiado totalmente en las últimas convocatorias porque se han venido haciendo públicos, si bien debemos tomarlo como meras orientaciones y esperar las correspondientes normas específicas de la Orden de Convocatoria de procedimiento selectivo para el ingreso en el Cuerpo de Maestros. Adjuntamos unos ejemplos porque nos permite tener en cuenta los puntos más importantes a la hora de **prepararnos**.

1.1.- CRITERIOS A TENER EN CUENTA EN LA EXPOSICIÓN DE LA UNIDAD DIDÁCTICA INTEGRADA QUE VIENEN ESPECIFICADOS EN LA CONVOCATORIA DE ANDALUCÍA DE 2015 Y 2017.

Indudablemente, saber desde un principio los **criterios** concretos que los tribunales van a considerar en nuestra evaluación a la hora de exponer la UDI, nos es de gran utilidad ya que sabemos dónde insistir en nuestra narración. Como esto no quiere decir que en las próximas convocatorias sigan teniendo los mismos, los hemos completado con lo expresado en la bibliografía especializada y por los modelos de los Programas de Formación **PICBA** (CEJA) y **COMBAS** (CNIIE, MECD).

Concretamente, la CEJA publica los siguientes **tres grupos** de **criterios** en junio de **2015**, dando lugar a su "**modelo oficial**" de UDI para Andalucía:

1. Contextualización.

    a) Relación con la vida cotidiana y el entorno inmediato del alumnado.
    b) Atención y adaptación a las características y necesidades de aprendizaje del alumnado.

2. Elementos de la Unidad Didáctica Integrada (LOMCE/2013).

    A) PRESENTACIÓN:

- Título, curso, áreas implicadas, justificación y temporización

    B) CONCRECIÓN CURRICULAR:

- Área/s elegida/s
- Criterios de evaluación bien seleccionados
- Objetivos del área/s
- Contenidos acordes con los objetivos
- Competencias Clave que se desarrollan
- Indicadores de logro

C) TRANSPOSICIÓN DIDÁCTICA:

- Tareas bien definidas, adecuadas al alumnado al que van dirigidas y coherentes con los criterios que se quieren alcanzar.
- Las actividades mantienen viva la atención del alumnado, se gradúa la dificultad y presentan situaciones variadas.
- Distribución temporal.
- Suponen la utilización de recursos variados.
- Se especifica la metodología didáctica aplicable y ésta es adecuada al planteamiento.
- Hace referencia a los escenarios y contextos donde se realizan las actividades, así como a los agrupamientos que se realizan.

D) ATENCIÓN A LA DIVERSIDAD:

- Se plantean actividades con diferentes niveles de adaptación.

F) VALORACIÓN DE LOS APRENDIZAJES:

- Instrumentos de evaluación que garantizan la evaluación continua.
- Presenta rúbrica/s de valoración de los indicadores de logro.

3. Expresión oral de la UDI. Expresión.

a) Exposición clara, ordenada y coherente de los contenidos.
b) Precisión y rigor en el uso terminológico de la especialidad.
c) Riqueza léxica y sintaxis fluida, sin correcciones.
d) Debida corrección ortográfica (guión y/o uso de la pizarra).

NOTA: Deseamos destacar la **importancia** de este punto anterior, habida cuenta la propia Consejería nos muestra su "**modelo oficial**" de UDI para Andalucía.

La Convocatoria de **2017**, O. de 31/03/2017, por la que se efectúa convocatoria de procedimiento selectivo para el ingreso en el Cuerpo de Maestros, BOJA 66 de 06/04/2017, expone los **criterios** siguientes:

SEGUNDA PRUEBA: PARTE B (PREPARACIÓN Y EXPOSICIÓN DE UNA U. DIDÁCTICA)
CRITERIOS GENERALES DE CORRECCIÓN

- **ESTRUCTURA**:
  - Título coherente con los contenidos y objetivos.
  - Indica a quién va dirigida (etapa y nivel).
  - Índice bien desarrollado.
  - Justifica la importancia de la U.D.
  - Normativa adecuada al marco legal.
  - Temporaliza correctamente.
  - Contextualiza al alumnado, realidad, entorno, centro.

- **CONTENIDOS**:
  - Objetivos y competencias.
  - Contenidos coherentes con objetivos.
  - Desarrolla distintos tipos de actividades. Metodología y recursos

utilizados.
- Atención al alumnado con NEAE.
- Incorporación de referencias y peculiaridades de Andalucía.
- Incorporación de contenidos de carácter transversal.
- Tratamiento de la evaluación en la Unidad Didáctica.
- Bibliografía.

- **EXPOSICIÓN Y CAPACIDAD DE COMUNICACIÓN:**

  - Inicia la defensa con una introducción adecuada.
  - Exposición clara, ordenada, coherente y segura de los conocimientos.
  - Uso correcto del vocabulario específico y actualizado.
  - Desarrolla todos los apartados de la unidad didáctica.
  - Emplea una metodología motivadora y estimulante.
  - Contextualiza la defensa de la unidad didáctica.
  - Utilización de material auxiliar.
  - Uso adecuado del tiempo.
  - Finaliza la defensa con una síntesis de las principales ideas desarrolladas.

- **PENALIZACIONES:**

  - Por no incluir el número mínimo de UDI, 10 puntos de penalización.
  - Los anexos, si los presenta, en ningún caso contendrán el desarrollo de las UDI, sino información auxiliar de apoyo al desarrollo de las UDI presentadas (diagramas, mapas, figuras, fotos, cuadros, tablas, etc.)

1.2.- CRITERIOS DE EVALUACIÓN EN LA EXPOSICIÓN ORAL DE LA UNIDAD DIDÁCTICA EN LA C. A. DE CASTILLA-LA MANCHA (2016).

CONCURSO-OPOSICIÓN 2.016- TOLEDO   EDUCACIÓN FÍSICA

CRITERIOS DE EVALUACIÓN PARA LA UNIDAD DIDÁCTICA. 2ª PRUEBA

CRITERIOS DE EVALUACIÓN	INDICADORES	VALORACIÓN
1. EXPOSICIÓN ORAL DE LA UNIDAD DIDÁCTICA.	1.1.- Presenta el contenido de la programación de forma ordenada, pausada y clara. 1.2.- Destaca las ideas más importantes del contenido de la unidad objeto de la exposición. 1.3.- Utiliza el vocabulario científico y técnico de forma correcta, relacionándolo de manera adecuada con el contenido al que hace referencia. 1.4.- La exposición es dinámica y fácil de seguir. 1.5.- Cuida los elementos no verbales como la gestualización, el tono de voz, etc.	MÁXIMO: 1.50 puntos
2. PROGRAMACIÓN DE LA UNIDAD DIDÁCTICA.	2.1.- Introducción, justificación, nivel al que va dirigido y concreción curricular. Haciendo referencia a las peculiaridades del contexto, aspectos relevantes del proyecto de centro, aspectos relevantes de la programación didáctica. 2.2.- Se realiza una concreción de los objetivos que se pretenden conseguir. Objetivos didácticos relacionados con los objetivos generales de la Educación Primaria. 2.3.- Se organizan los contenidos atendiendo a la temporalización establecida, relacionándolos con los bloques de contenidos de la etapa y nivel adecuado. 2.4.- Se reflejan los criterios de evaluación, los estándares de aprendizaje e indicadores de logro a conseguir. 2.5.- Establece momentos, procedimientos y estrategias de evaluación 2.6.- Se relacionan las competencias clave a desarrollar. 2.7.- Se relacionan los principios, estrategias y criterios metodológicos. 2.8.- Organización de espacios y tiempos. 2.9.- Organización de recursos y materiales. Utilización de recursos innovadores.	MÁXIMO: 7.50 Puntos.

1.3. CRITERIOS DE EVALUACIÓN EN LA EXPOSICIÓN ORAL DE LA UNIDAD DIDÁCTICA EN LA C. A. DE EXTREMADURA (2016).

- Justifica y contextualiza la Unidad Didáctica dentro de la Programación y de acuerdo con el contexto y el grupo de alumnos/as a los que va dirigida.

- Está estructurada, con los distintos elementos que configuran las unidades didácticas expuestas de manera coherente.

- La propuesta de los objetivos de aprendizaje está bien formulada técnicamente y concreta los de la programación.

- Las actividades propuestas contribuyen al logro de los objetivos propuestos.

- Las actividades propuestas son variadas, motivadoras, a realizar en distintos tipos de agrupamientos.

- Las actividades contemplan la atención a la diversidad, graduando la dificultad.

- Las actividades propuestas requieren el uso de materiales variados.

- Hay una secuenciación lógica para el desarrollo de las distintas actividades.

- Se contemplan actividades para la evaluación, en coherencia con planteamiento de la unidad.

- Se prevé el uso de recursos didácticos variados y, expresamente los tecnológicos.

- Uso de un lenguaje rico, fluido y técnicamente ajustado a los planteamientos teóricos y científicos de la Educación Física.

- Utiliza un discurso ameno, manifestando seguridad en su expresión y despertando interés por lo expuesto.

1.4. EJEMPLO DE LISTA DE CONTROL USADO POR LOS TRIBUNALES.

Este es otro ejemplo de lista de control utilizado por los tribunales acerca del estilo expositivo de la persona aspirante, cuando aún no había criterios "oficiales".

TRIBUNAL Nº ___   EDUCACIÓN FÍSICA   FECHA _____

EVALUACIÓN DEL ESTILO EXPOSITIVO EN LA EXPOSICIÓN DE LA UNIDAD DIDÁCTICA

PERSONA OPOSITORA _____ Nº _____

RASGOS A VALORAR	VALOR 0-10	OBSERVACIONES
Fluidez verbal		
Vocalización		
Muletillas		
Claridad o repetición de ideas		
Seguridad en el discurso, dudas…		
Nervios		
Énfasis en la comunicación		
Ritmo expositivo adecuado		
Vocabulario específico		
Lenguaje coloquial		
Lenguaje sexista		
Distribución de las miradas		
Orden y limpieza en pizarra (si la usa)		
Esquemas		
Faltas de ortografía		
Se apoya en otros medios		
Ejemplos aclaratorios		
Se apoya en recursos varios		
Otros		
Otros		
Otros		

PUNTUACIÓN MEDIA..........

VALORACIÓN FINAL ☐

2.- ESTRATEGIAS Y RECOMENDACIONES PARA LA EXPOSICIÓN DESARROLLADA DE LA U.D.I., DENTRO DE LA PRUEBA ORAL, EN EL SISTEMA DE ACCESO A LA FUNCIÓN PÚBLICA DOCENTE.

La **experiencia** acumulada a través de muchos años en la preparación de opositores, nos hace tener en consideración una serie de **consejos** y aspectos que deseamos transmitir a quienes estén interesados en ellas.

La prueba oral es el final. Tiene una importancia vital para quienes pasaron a ella, (si es que el primer examen tuviese la consideración de **eliminatorio**).

En este caso, quienes sacaron entre cinco y seis, ahora, con una excelente nota, pueden llegar a un notable que, en muchas convocatorias, ha bastado para sacar plaza. Los que obtuvieron un notable deben sacar, como mínimo, la misma calificación con objeto de no quedarse sin plaza. Quienes en el primer examen sacaron un sobresaliente tienen la oportunidad de seguir optando a los primeros puestos que les permitirán pedir los mejores destinos.

Debemos preparar un "**discurso-base**" o "**modelo**" para exponer la unidad que elijamos tras el sorteo. La metodología que los autores seguimos con nuestros preparados comienza por **escribir** el "**discurso**" a exponer. Ahora bien, cuántas palabras escribo para después decir? Nosotros preferimos hacerlo al revés, es decir, ¿cuántas **palabras** por **minuto** -aproximadamente- puedo manifestar verbalmente para que el tribunal me **entienda**, tome conciencia de lo que deseo exponer, haga anotaciones y siga mis argumentos? Nuestra experiencia nos dice que entre **100 y 140 palabras/minuto**, aunque inclinándonos más por las **115-120** que por las 130-140. Como podemos dedicarle unos 24-26 minutos a lo meramente verbal, a los que tenemos que añadirles el tiempo de escritura en pizarra, el dedicado a mostrarle los anexos -tanto si se los entregamos todos juntos en el Acto de Presentación, como si nos pide el Tribunal que los vayamos enseñando durante el examen oral-, el discurso a escribir para hacer los ensayos de la exposición de la UDI rondaría entre las 2400 y 3500 palabras, en función de la **calidad** expositiva de cada opositor.

Ahora bien, insistimos, la exposición de la unidad **no es igual** que la defensa de la programación, sobre todo porque -entendemos- debemos dedicar un **tiempo** significativo al apartado de las **tareas/actividades/ejercicios**, es decir, debemos **demostrar** que las acciones prácticas que sobre unos diez minutos **describimos**, **explicamos** y opcionalmente **dibujamos**, sirven para alcanzar los objetivos didácticos, ayudan a la adquisición de las competencias, trabajan los contenidos propios relacionados con otras áreas y elementos transversales, etc.

Por todo ello, el número de palabras bajaría sensiblemente de las tres mil y pico, situándose entre las **2500-2600**. No olvidemos que no podemos mantener el mismo número de palabras/minuto de una exposición exclusivamente verbal a la que propugnamos para mostrar la unidad, donde los gráficos de las actividades, organizaciones, etc. nos restan velocidad. No obstante, todo ello debemos **prepararlo** en semanas anteriores y convertir la exposición del día de la oposición en una más.

2.1.- LOS RECURSOS DE APOYO.

Las convocatorias no son iguales en todas las comunidades autónomas pero, en cualquier caso, estamos totalmente condicionados por sus peculiaridades. En unas priman unos aspectos que en otras apenas se tienen en cuenta. Incluso, en una misma comunidad, lo que un año es novedad, en la convocatoria siguiente ni tan siquiera se menciona.

Habitualmente, las órdenes de convocatorias de los últimos tiempos han incluido un comentario relativo a la posibilidad de que la persona opositora pueda **apoyarse** en la parte oral (defensa de la Programación Didáctica y exposición de una Unidad Didáctica Integrada de las tres sorteadas), de un **guión escrito** con una extensión máxima de un folio y que al final del acto hay que entregar al Tribunal. También especificaban que los opositores podían auxiliarse de algunos **medios de apoyo** para la actuación. En cualquier caso, debemos **leer atentamente la Convocatoria** para saber lo que nos permiten **aportar**.

Los autores tenemos vivencias desagradables porque en varias ocasiones la convocatoria admitía la posibilidad de usar "*medios de apoyo para la exposición, así como un guión de no más de un folio*". Algunos de los tribunales abortaron esa opción, con el consiguiente perjuicio para todos. Como sabemos, ya desde el mismo acto de Presentación, lo que decían muchos tribunales tenía poco que ver con lo expresado en la Orden de la Convocatoria.

No obstante, **otros tribunales permitían** un guión escrito; otros consentían el uso de una serie de **materiales complementarios**, como fichas, gráficos de circuitos, pruebas de evaluación, disfraces para expresión corporal, etc. que los opositores llevaban para justificar los argumentos expuestos. Otros, incluso, admitían que el aspirante se **apoyase en medios multimedia** (ordenador portátil, proyector o "cañón", archivo con una presentación y pantalla…), siempre que el propio opositor u opositora los llevase. Pero lo más lamentable, a nuestro juicio, es que un tribunal permitía todo y, justo el de al lado, pared con pared, no admitía nada.

En cualquier caso, estaremos muy mediatizados por lo que exprese la Convocatoria y las recomendaciones y normas de los propios tribunales que, en muchos casos, la experiencia nos dice son **contradictorias**.

No es lo mismo preparar la defensa de la Programación auxiliándonos de un guión escrito o de una pizarra, que hacerlo encomendándonos exclusivamente a nuestra memoria. Evidentemente, si la Convocatoria **no nos permite el uso del guión**, no nos queda más remedio que memorizarlo.

Por todo ello, vamos a considerar varias posibilidades por separado, aunque de hecho van muy ligadas. Los **contenidos a expresar** en cualquiera de las opciones los hemos condensado en **cinco gráficos al final del libro**. La base, al fin y al cabo, es la misma, el mismo esquema; el medio es lo que varía: soporte papel o multimedia.

- Franelograma.- Este recurso es muy fácil de hacer. Es un tablero o panel de 1 m. x 0'75 m., aproximadamente, recubierto de una tela áspera como fieltro, franela, etc., sobre la que vamos adhiriendo figuras o gráficos realizados en tela o cualquier material que presente una de sus caras de textura también áspera, como lija o velcro. Sucesivamente iremos colocando los esquemas que nos interesen ya que permite infinitas posibilidades de creación. También podemos partir inicialmente de los gráficos que adjuntamos al final, aunque intercalando viñetas con ejemplos gráficos, fichas de juegos, test, etc. Se suele usar como apoyo a la argumentación que vayamos enlazando.

- <u>Goma E.V.A.</u> La goma E.V.A. es un material típico para la construcción de manualidades. Es un producto termoplástico compuesto de etileto y acetato de vinilo, cuyas siglas en inglés dan lugar al nombre E.V.A. Es muy fácil manipularla porque nos permite sin esfuerzo pegar, cortar, doblar, troquelar, coser, combinar con otros materiales, pintar... Por ello, nos resulta muy adaptable para mostrar al tribunal nuestra exposición y para la construcción de uno o varios "producto social relevante" como tarea final de la UDI: utensilios, esquemas de terrenos de juego, construcciones, maquetas varias, carteles, figuras, formas de huesos, utensilios de juegos populares y tradicionales, etc.

- <u>Pizarra y tiza</u>.- El tradicional encerado y las tizas, algunas veces "permiten" hasta las de colores, es lo más habitual. Debemos tener en cuenta una serie de consideraciones. Por ejemplo, calidad, tipo, alineación y tamaño de los grafos, sintaxis, la ausencia de faltas de ortografía, la claridad de los dibujos, la calidad de la pizarra y las tizas, que muchas veces plantean problemas de visibilidad por los **reflejos** que hay en la sala, la distribución del encerado en función del tamaño del mismo, dar la espalda al Tribunal mientras escribimos, etc. Hemos tenido a preparados que no quieren escribir en la pizarra porque poseen una calidad pésima en sus grafías y que se ven imposibilitados de mejorarlos. En este caso podemos intentar escribir exclusivamente con letras mayúsculas. Excusas tales como "no escribo en la pizarra porque en esta área lo más fundamental es la voz y el gesto y basándome en ellos voy a expresarme...", no hacen más que demostrar la incompetencia en este tema. En cualquier caso, es muy importante conocer el tipo de pizarra que van a poner a nuestra disposición y a qué altura está situada, para no llevarnos sorpresas de última hora. Por ejemplo, en los últimos años muchos tribunales han optado por una pizarra **blanca** de acero vitrificado ("vileda"), que nos permite escribir con rotuladores de colores. Si se nos presenta la ocasión, aconsejamos probarla en días previos.

- <u>Cartulinas</u>.- Debemos disponer de varias cartulinas de tamaño A-3 o similar. Iremos enseñando al Tribunal la información que nos interese; fundamentalmente, juegos, fichas de circuitos, fotos ampliadas, etc. como apoyo al discurso que vayamos desarrollando. Muchas veces una cartulina tamaño grande nos puede servir como "ejemplo" del patio o de la S.U.M., incluso con líneas de demarcación. Sobre ella vamos explicando las actividades manipulando fichas de plástico tipo "parchís" o similar. Viene muy bien para quienes tienen **problemas** a la hora de hacer gráficos en la pizarra para explicar los juegos. También es posible que podamos adherirlas a la pared o a la propia pizarra.

- <u>Anexos en formato papel</u>.- Vamos a nombrar una serie de medios que suelen estar presentes en todas las escuelas y que "manejamos a diario". Además de secundar lo que vamos narrando, demostramos al Tribunal que dominamos el quehacer habitual de un centro.
Lógicamente, durante nuestra exposición de la Unidad, iremos haciendo referencia a estos materiales de apoyo. Es decir, a la vez que vamos explicando determinados puntos de la misma o de las actividades y ejercicios, les enseñamos gráficamente los medios reales que usamos. Por ejemplo, al hablar sobre una actividad extraescolar presentamos la carta-modelo de autorización que han firmado las familias. De esta manera, "defendemos/demostramos" que nuestras propuestas son perfectamente realizables. Lo mismo podemos decir de los juegos y sus consideraciones metodológicas que vamos a exponer dentro del

apartado de "actividades/ejercicios", y cómo éstas van encaminadas a la consecución de los objetivos propuestos en la Unidad. Por ejemplo, un juego de relevos con aros, un circuito coordinativo, etc.

Este material tiende a paliar el problema que se nos presenta al no poderlo usar físicamente. De esta manera, al explicar cómo vamos a trabajar determinado recurso, le decimos al Tribunal que tiene en el "anexo nº x" la muestra o modelo. Ya hemos comentado anteriormente, pero es importante **insistamos**, que en algunas ocasiones estos "**anexos a la Programación Didáctica y UDI**" fueron recogidos por los tribunales en el acto de la Presentación como un volumen aparte, pero en las últimas convocatorias únicamente han admitido la Programación Didáctica y las UDI en un único volumen al que los opositores le adjuntaban estas hojas de anexos. Por ello, debemos aportarlo bien en el momento de la defensa oral, o en el acto de la entrega de la Programación y UDI, si nos lo permiten, o directamente antes de empezar la exposición de la Unidad. Para más operatividad, recomendamos que cada uno de los tres documentos vayan con un **color de papel** distinto. Cualquier material de apoyo podemos, en este caso, fotografiarlo e imprimirlo en una hoja a incluir en el "anexo".

Destacamos, **si procede** por la temática de la UDI a exponer, a:

1. Encuestas a rellenar por el alumnado o sus familias.
2. Documento-tipo para autorizar una visita extraescolar por parte de las familias.
3. Dossier de listas de control, escalas y fichas diversas de exploración inicial, seguimiento y evaluación.
4. Fichas de juegos populares.
5. Fichas sobre calentamientos y estiramientos.
6. Fichas con ejemplos de sesiones.
7. Móviles diversos, en foto, para escenificar algún juego.
8. Móviles adaptados a los ANEAE: fotos de pelotas de cascabeles, etc.
9. Material reciclado, en foto, como guiñol, máscaras, etc.
10. Carteles sobre normas.
11. Pósteres variados.
12. Fotos de experiencias -como la organización de los "recreos inteligentes" o el "día sin balón"-, actividades extraescolares, etc.
13. Impresos diversos. Por ejemplo, con croquis sobre circuitos.
14. Libro de texto (o fotocopia de su portada).
15. Cuaderno de patio.
16. Libros (o fotocopia de sus portadas) utilizados en la elaboración de la UDI.
17. Material relacionado con las TIC.
18. Diario de sesiones de clase del docente.
19. Impresos con actividades de "tangram".
20. Impreso con la "normas de clase" consensuadas: horarios, organización en filas, encargados/as de material, normas de aseo, etc.
21. Impresos de algún programa multimedia, de Webquest, Hot Potatoes, etc.
22. Fichas con rúbricas.
23. Gráficos diversos de apoyo a nuestro discurso, por ejemplo, relacionando a varios elementos curriculares.

- Anexos varios. Nos referimos ahora al resto de los anexos que no presentamos en formato papel o cartulina: plastilina, goma E.V.A., panel de madera, etc. y que, normalmente, los aportamos como ejemplos de "producto social relevante" realizado como tarea final de la UDI.

- <u>Guión escrito</u>.- Es un documento con una extensión máxima de un folio (por una carilla o no) y que el Tribunal nos pedirá que se lo entreguemos una vez hayamos terminado.

  ¿Qué poner en el guión? Pues es algo muy personal. Nosotros recomendamos llevar uno de los gráficos comentados y que incluimos más adelante, con aquellas "palabras-claves", conceptos, epígrafes o "flashes" que nos faciliten exponer lo que tenemos previsto, sobre todo en el caso relativamente frecuente de "**quedarnos en blanco**".

  Lo que los autores tenemos claro es que el guión debe estar individualizado y muy ensayado para no fallar en un momento donde no se puede cometer ni un error.

  En todo caso, debemos **leer bien los términos de la Convocatoria** y, sobre todo, atender las instrucciones concretas que nos diga el tribunal en el acto de la Presentación.

  Algunos de nuestros preparados han aportado una **copia** del guión para cada miembro del Tribunal. Este proceder, seguro, nos va a distinguir de otros opositores.

La **originalidad** suele ser un medio muy poderoso a valorar porque nos va a diferenciar de los demás aspirantes. Gran parte de ella nos viene dada por los "recursos" para mostrar al Tribunal a modo de **apoyo a la exposición** de la UDI, que nos permitan usar.

Consideramos que es necesario tenerlo en cuenta desde el mismo momento que estamos elaborando las Unidades, porque se trata de unos medios personales que tratan de **enriquecer** la exposición, de hacerla más **amena**, **creativa** y **personal**. Pero, dadas las circunstancias antes comentadas, recomendamos que durante la época de preparación, consideremos varias de las posibilidades expresadas para, una vez sepamos lo que nos van a permitir usar, centrarnos en la elegida.

2.2.- LOS TRES MOMENTOS DE LA EXPOSICIÓN ORAL.

¿Qué ocurre antes, durante y después de la exposición oral (defensa de la Programación y exposición de la Unidad Didáctica Integrada)? ¿Qué debemos hacer?

Vamos a diferenciar **tres momentos**, aunque en realidad están entrelazados, aportando una serie de **consejos y estrategias** que a nuestros preparados les han dado excelentes resultados:

a) Momentos **pre-activos**.
b) Momentos **interactivos**.
c) Momentos **post-activos**.

a) MOMENTOS PRE-ACTIVOS.-

Entendemos que, desde el mismo momento que salen publicadas las listas de los tribunales, debemos comenzar a "enterarnos" sobre sus **perfiles profesionales**, planes y proyectos donde están colaborando, etc. Hoy día es muy fácil saberlo merced a las diversas **herramientas** que nos ofrece **Internet**, incluidas las "redes sociales". Por ejemplo, un perfil de un presidente o vocal de tribunal que exprese sus ganas por ser inspector de educación y que ya se ha presentado a alguna convocatoria, implica que conocerá y será experto en legislación, de ahí que debamos esmerarnos en este sentido. Lo mismo ocurre con otro/a que sea coordinador/a del Programa TIC en su centro, entonces diseñaremos actividad en proyecto multimedia y actividades interactivas.

Por otro lado, debemos tener en cuenta también, si nos es posible, los **destinos** que han tenido por si alguna actividad extraescolar, por ejemplo, la podemos ubicar en algunas zonas que les resulten conocidas. También si son coordinadores de planes y programas, etc.

Es importante acudir, si no nos examinamos el primer día, a las exposiciones de quienes nos anteceden. Allí debemos observar el **estilo** del Tribunal, lo que le gusta, medios de apoyo que admite, etc. También, las peculiaridades de la **sala**, la luz existente, tipo de pizarra y su **altura**, acústica, si tiene reflejos, etc.

En el tiempo de preparación de la exposición ("encerrona"), que suele durar un máximo de una hora, tenemos que repasar lo que vamos a decir y que, a su vez, lo llevamos muy practicado gracias a los simulacros realizados durante la preparación. A ella hemos debido pasar con el guión de la defensa de la Programación (si lo permite la Convocatoria) y de la exposición de la Unidad Didáctica Integrada para hacer un último ensayo. No olvidar también los recursos que nos permiten utilizar: índice de los anexos, medios multimedia, cable alargador con regleta, carteles, pequeños recursos móviles, fichas, etc., aunque siempre de acuerdo con las normas dadas por el Tribunal.

Estudiar el **guión** que después debemos entregar al Tribunal, aunque puede suceder que admita la entrega de una **copia a cada miembro** al principio de la exposición para "facilitar la evaluación", pero en todo momento nos atendremos a sus indicaciones.

Los últimos momentos antes de que nos llamen serán para mirarnos y comprobar que estamos "presentables", con buena imagen. Nos relajamos y respiramos suave y profundamente. No debemos olvidar llevarnos a la sala de exposiciones todos los documentos, guión, anexos, recursos, tizas de colores, botella de agua, etc. Ponemos el reloj de forma que controlemos el tiempo -"timer"- para cada parte de la exposición.

Recordemos los detalles de un buen orador-a: no dar muestras de inseguridad, no tener "latiguillos o muletillas", no mantener las manos en los bolsillos, no morderse los labios, A esto hay que unirle nuestra **dicción**, a veces muy cerrada y poco entendible, así como la monotonía en el discurso siempre con el mismo tono, etc. También ser comunicativo facialmente y con las manos, si las tenemos libres, ayuda. Igualmente es interesante, para no ser monótonos, utilizar cambios de entonación y ritmo, con pausas breves, que podemos aprovechar para beber agua.

b) MOMENTOS INTERACTIVOS.-

La exposición oral en sí. ¿Qué pasa cuando nos **presentamos** ante el Tribunal?

No nos deben parecer extrañas sus caras ni su presencia porque ya conoceremos a sus componentes del día de la presentación y del primer examen, además de verlos en las exposiciones celebradas en días anteriores a las que hemos debido asistir.

Normalmente llegaremos a la sala de exposición, que habitualmente es un espacio grande, guiados por un miembro del Tribunal que nos habrá acercado desde el aula de la preparación.

Saludamos a todos, al mismo tiempo que pedimos permiso para entrar. Hacerlo en voz alta porque seguramente estarán charlando informalmente.

Comprobamos que la pizarra está limpia y que no tiene **reflejos** que la cieguen, distribuimos las tizas de colores o los rotuladores en función del tipo de superficie que nos ofrezcan, y el resto de los recursos que vayamos a utilizar y nos servimos agua en el vaso.

Un detalle que no se suele tener en cuenta es el borrador. Por las prisas, los nervios o cualquier otra circunstancia, algunos opositores usan su propia **mano** como borrador. Pues bien, tenemos constancia de que es un detalle tomado como negativo por algunos tribunales, "por la mala imagen que da como maestro".

Recordamos que durante la exposición debemos dirigirnos a todos los componentes para que se sientan "tenidos en cuenta".

Ante todo debemos tener **claridad de ideas**, que nos será fácil si realmente hemos elaborado las UDI. Otra cosa es que presentemos unas prestadas, compradas o copiadas.

Debemos pensar que cada día pasan muchas personas opositoras por el Tribunal, de manera que éste puede caer en episodios de **tedio**. Esto debemos combatirlo creando un clima de proximidad, manteniendo el mayor tiempo posible la atención de todos los miembros. A ello ayuda direccionar nuestro mensaje a todos los componentes, combinando nuestra posición y que ésta no sea estática. Si, además, tenemos riqueza de lenguaje no verbal (gestos), todo resultará más fácil.

Es importante la **vocalización** y el **tono** que usemos, sin que sean forzados ni monótonos, aunque siempre mostrando **agilidad**, sobre todo a la hora de ir y venir de la pizarra a la mesa del tribunal para mostrarle un **anexo** o señalarle algún aspecto significativo del mismo. Ello podemos trabajarlo perfectamente durante el tiempo de preparación, a base de exponer y que nos corrijan, incluso grabándonos para hacernos después una **autoscopia**.

Prestamos atención si nuestra verbalización es de volumen bajo porque al Tribunal le será difícil seguirnos. Otras veces es suficiente que nos acerquemos unos metros más a la mesa donde están, aunque ello pueda alejarnos de la pizarra. A partir de aquí debemos prestar atención a la **plasticidad** del discurso, aumentando o disminuyendo su intensidad según interese.

La "**velocidad y tono de la alocución**" es muy interesante y determinante. En ocasiones hemos preparado a opositores que querían decir tantas cosas que no se les entendía nada. Lo contrario, una excesiva lentitud, trae consigo una pobreza comunicativa que aburrirá al Tribunal. Entendemos que hay momentos que nos interesa decir "más palabras por minuto" y otros donde el mensaje debe ser más sosegado. Es decir, los **contrastes** del ritmo en la exposición, junto al **tono** de la misma, favorecen nuestra expresividad, precisión y claridad comunicativa, "animando" al Tribunal a que nos siga.

Ya dijimos que la exposición oral **ideal** es aquella donde el mensaje verbal se apoya en **gráficos**, **esquemas**, etc. que vamos escribiendo en la **pizarra**, entregamos como **anexo**, o que aparecen en una pantalla procedente del ordenador portátil que manejamos, preferiblemente, a distancia con un ratón inalámbrico, si nos dejan usar recursos multimedia.

Una vez **terminemos** con la **defensa** de la Programación debemos avisar al Tribunal que **iniciamos** la **exposición oral de la UDI**. Ésta ha sido la que hemos **elegido** entre las tres que sortearon y disponemos de treinta minutos, salvo que la convocatoria indique otro dato. Y bien, ¿ahora qué decimos? Lo primero es hacer el "**enlace**" de la defensa de la Programación a la exposición de la UDI: *"una vez he defendido la programación, paso a la exposición de la UDI elegida, tal y como publica la Orden de la Convocatoria",* podemos expresar a modo de inicio.

Pues lo primero que debemos hacer es argumentar por qué hemos preferido esa Unidad Didáctica Integrada y no las otras. Justificarlo "porque es más interesante, tiene más importancia, etc. dada las características del grupo…" También, debemos manifestarles que no es una UDI aislada, sino que está ligada a las demás, al contexto y a la programación, por lo que es parte integrante de las finalidades e intenciones educativas fijadas y defendidas en la programación.

Habitualmente, debemos articular nuestra exposición entorno a los rasgos más característicos que hemos escrito, concretando los criterios de evaluación, competencias, objetivos, jerarquizando los contenidos y dando continuidad a los diferentes apartados a través de frases adecuadas. Debemos olvidarnos de lo que habitualmente expresan todas las personas opositoras y centrarnos en nuestras singularidades, pero, ojo, que sean **reales**, que se puedan **aplicar** y que interesen o **capten** la atención del Tribunal. **Especial** esmero y tratamiento nos merecerán las **tareas/actividades/ejercicios** y **demostrar** que, aplicándolas, tendremos a la consecución de los objetivos e iremos adquiriendo las Competencias Clave.

Al hilo de lo anterior, y tomando como **referencia** los esquemas que adjuntamos más adelante, vamos describiendo cada punto a comentar al Tribunal. Pero, atención, nos reiteramos en que los **tiempos** debemos tenerlos **medidos** muy bien porque cualquier desliz puede hacer fracasar nuestro trabajo por exceso o por defecto.

El esquema que proponemos está en consonancia, naturalmente, con el esbozo de la Unidad que hemos realizado y que se apoya, desde un punto de vista gráfico, en los **esquemas** que incluimos más adelante. Debemos elegir el gráfico con el que nos encontremos más a gusto o mejor identificados, pero siempre lo haremos con la máxima **calidad** en el diseño y trazo.

Si en las condiciones de la Convocatoria se recoge que nos permite entregar, junto a la programación y unidades, unos "**anexos**" éstos debemos citarlos con tanta frecuencia como nos haga falta. Es un tipo de información eminentemente gráfica y **complementaria** que debe **cerrar** nuestro **discurso**.

Vemos ahora los **apartados** de la UDI a exponer, de manera correlativa, con posibles argumentos y pautas a indicar al Tribunal. Seguimos los **puntos y apartados** considerados en nuestro anterior volumen, de esta misma Editorial: "***Unidades Didácticas Integradas en Educación Física. Guía para su realización***".

Además, en todos los apartados de la UDI hemos incluido al final del mismo un **ejemplo** de **anexo** a aportar y así ajustar nuestro trabajo oral y tener, por ende, opción a mejor calificación. También debemos citarles la **legislación aplicada** a cada punto explicado de la UDI.

Enumeramos ahora el **índice** de los apartados que llevan las UDI y **posteriormente** desarrollamos cada uno detallando los aspectos más notables a exponer con argumentos varios.

A) PRESENTACIÓN/IDENTIFICACIÓN

1. Numeración y otros datos identificativos.
2. Título de la UDI.
3. Introducción-Justificación, con referencia al contexto donde la apliquemos y áreas enlazadas. Su relación con los objetivos para el curso recogidos en la P. Didáctica.
4. Diseño de la tarea integrada. Presentación genérica de lo que queremos hacer.

B) CONCRECIÓN CURRICULAR

1. Criterios de evaluación.
2. Objetivos de la Etapa y del área o asignatura de Educación Física para la Etapa con los que se relaciona la UDI.
3. Objetivos de otras áreas/asignaturas que tratamos al trabajar la UDI.
4. Objetivos propios de Andalucía, si procede, relacionados con la UDI.
5. Objetivos didácticos. Su relación con los indicadores y las CC. Clave.
6. Contenidos. Incluye referencias a los propios de Andalucía, si procede.
7. Elementos transversales.
8. Competencias Clave que desarrollamos con la UDI.

C) TRANSPOSICIÓN DIDÁCTICA.

1. Tarea/s.
2. Actividades.
3. Ejercicios.
4. Atención a la diversidad.
5. Actividad/es final/es. Tarea integrada terminada o producto social relevante.
6. Procesos cognitivos implicados o tipos de pensamientos que desarrollamos con las actividades.
7. Metodología.
8. Agrupamientos.
9. Contextos o ámbitos y escenarios.
10. Recursos.
11. Temporalización.

D) VALORACIÓN DE LO APRENDIDO.

1. Estándares de aprendizaje evaluables relacionados con los criterios de evaluación y objetivos.
2. Indicadores de logro.
3. Rúbricas o Matrices de evaluación para valorar el aprendizaje.
4. Criterios de calificación.
5. Evaluación de la práctica docente (la acción didáctica).
6. Autoevaluación de la UDI.
7. Coevaluación.

E) COLABORACIÓN CON LAS FAMILIAS.

1. Procesos de implicación de las familias en el desarrollo de la UDI y comunicación durante el proceso.

FUENTES DOCUMENTALES UTILIZADAS. Señalar las fuentes que hemos usado para su confección, como textos bibliográficos, legislativos y multimedia.

A) PRESENTACIÓN/IDENTIFICACIÓN. Debemos señalar, para orientar al tribunal, el número de la UDI elegida, título, ciclo/curso y dónde la ubicamos desde un punto de vista temporal. Mencionar muchos detalles del **contexto** no lo creemos necesario porque acabaremos de citarlos en la defensa de la Programación, pero dado que es uno de los criterios de evaluación que tienen los tribunales, estamos obligados a señalar los rasgos más significativos. Citar la legislación general: R. D. 126/2014 y O. ECD 65/2015 (MEC); Decreto 97/2015 y O. 17/03/2015 (CEJA).

- **Introducción/Justificación.**
    o Relación de la UDI con la **vida cotidiana** y el **contexto** o **entorno** inmediato del alumnado. Citar algún ejemplo-tipo. Por ejemplo, *"esta UDI responde a una de las necesidades del alumnado del centro, tal y como hemos recogido en la Programación antes defendida, relacionado con actitudes de respeto a los demás"*.
    o Atención y **adaptación** a las características y necesidades de **aprendizaje** del alumnado, a su edad, conocimientos previos... Por ejemplo, *"gracias a estos aprendizajes, facilitaremos la consecución de los futuros..."*
    o Comentamos la **importancia** de esta Unidad en el curso y *"por qué yo la he elegido en el sorteo"*. Por ejemplo, *"como paso previo al aprendizaje de..."*, *"por tratar aspectos relacionados con las peculiaridades del contexto"*. También es factible indicar: *"porque incide directamente sobre las **Líneas Generales de Actuación Pedagógica**, concretamente..."* Esto nos sirve para enlazar con su "contextualización", es decir, su correspondencia con la realidad y características del centro y grupo.
    o Su relación con las demás Unidades. Por ejemplo, *"es la nº X porque se basa en las enseñanzas previas de... y las posteriores de..."*
    o Los aprendizajes o competencia curricular previa necesaria.
    o Relación entre la temática de la UDI y los objetivos concretos para el curso ya citados previamente en la defensa de la Programación. Por ejemplo, *"el enfoque de esta UDI, sobre la motricidad de base, está relacionado con los objetivos 4, 5 y 6 de la Programación Didáctica que citan a las habilidades y destrezas básicas"*.
    o Aportación formativa a la adquisición de las Competencias Clave.

Independientemente de ello, podemos hacer un comentario sobre los tipos de habilidades motrices a realizar en la Unidad y su relación con lo expresado por el R.D. 126/2014 cuando se refiere a los distintos elementos curriculares de la programación:

"Los elementos curriculares de la programación de la asignatura de Educación Física pueden estructurarse en torno a cinco situaciones motrices diferentes:

a) Acciones motrices individuales en entornos estables: suelen basarse en modelos técnicos de ejecución en los que resulta decisiva la capacidad de ajuste para lograr conductas motrices cada vez más eficaces, optimizar la realización, gestionar el riesgo y alcanzar soltura en las acciones. Este tipo de situaciones se suelen presentar en las actividades de desarrollo del esquema corporal, de adquisición de habilidades individuales, la preparación física de forma individual, el atletismo, la natación y la gimnasia en algunos de sus aspectos, entre otros.

b) Acciones motrices en situaciones de oposición. En estas situaciones resulta imprescindible la interpretación correcta de las acciones de un oponente, la selección acertada de la acción, la oportunidad del momento de llevarla a cabo, y la ejecución de dicha decisión. La atención, la anticipación y la previsión de las consecuencias de las propias acciones en el marco del objetivo de superar al contrario, son algunas de las facultades implicadas. A estas situaciones corresponden los juegos de uno contra uno, los juegos de lucha, el judo, el bádminton, el tenis, el mini-tenis y el tenis de mesa, entre otros.

c) Acciones motrices en situaciones de cooperación, con o sin oposición. En estas situaciones se producen relaciones de cooperación y colaboración con otros participantes en entornos estables para conseguir un objetivo, pudiéndose producir que las relaciones de colaboración tengan como objetivo el de superar la oposición de otro grupo. La atención selectiva, la interpretación de las acciones del resto de los participantes, la previsión y anticipación de las propias acciones atendiendo a las estrategias colectivas, el respeto a las normas, la capacidad de estructuración espacio-temporal, la resolución de problemas y el trabajo en grupo, son capacidades que adquieren una dimensión significativa en estas situaciones; además de la presión que pueda suponer el grado de oposición de adversarios en el caso de que la haya. Juegos tradicionales, actividades adaptadas del mundo del circo, como acrobacias o malabares en grupo; deportes como el patinaje por parejas, los relevos en línea, la gimnasia en grupo, y deportes adaptados, juegos en grupo; deportes colectivos como baloncesto, balonmano, béisbol, rugby, fútbol y voleibol, entre otros, son actividades que pertenecen a este grupo.

d) Acciones motrices en situaciones de adaptación al entorno físico. Lo más significativo en estas acciones es que el medio en el que se realizan las actividades no tiene siempre las mismas características, por lo que genera incertidumbre. En general se trata de desplazamientos con o sin materiales, realizados en el entorno natural o urbano que puede estar más o menos acondicionado, pero que experimentan cambios, por lo que el alumnado necesita organizar y adaptar sus conductas a las variaciones del mismo. Resulta decisiva la interpretación de las condiciones del entorno para situarse, priorizar la seguridad sobre el riesgo y para regular la intensidad de los esfuerzos en función de las posibilidades personales. Estas actividades facilitan la conexión con otras áreas de conocimiento y la profundización en valores relacionados con la conservación del entorno, fundamentalmente del medio natural. Puede tratarse de actividades individuales, grupales, de colaboración o de oposición. Las marchas y excursiones a pie o en bicicleta, las acampadas, las actividades de orientación, los grandes juegos en la naturaleza (de pistas, de aproximación y otros), el esquí, en sus diversas modalidades, o la escalada, forman parte, entre otras, de las actividades de este tipo de situación.

e) Acciones motrices en situaciones de índole artística o de expresión. En estas situaciones las respuestas motrices requeridas son de carácter estético y comunicativo y pueden ser individuales o en grupo. El uso del espacio, las calidades del movimiento, así como los componentes rítmicos y la movilización de la imaginación y la creatividad en el uso de diferentes registros de expresión (corporal, oral, danzada, musical), son la base de estas acciones. Dentro de estas actividades tenemos los juegos cantados, la expresión corporal, las danzas, el juego dramático y el mimo, entre otros".

Aconsejamos hacer **mención** a estos cinco grupos de situaciones motrices y **centrarnos** en la que vamos a realizar en la Unidad escogida para exponerla y su **por qué**, basándonos en los propios comentarios del RD 126/2014. Por ejemplo, si hemos optado por la Unidad que tiene como temática la expresión, nos referiremos a lo que indica el apartado "e".

Otra opción pasa por exponer la "**justificación**" de **todas** las UDI en general. Zagalaz, Cachón y Lara (2014), -modificado por los autores- proponen los siguientes criterios, pero siempre **teniendo en cuenta el tiempo disponible**:

- Iniciar, recordar y afianzar los contenidos que se han trabajado antes de acceder a la etapa primaria (habilidades perceptivo motrices) y durante toda ella (habilidades básicas y genéricas), en función del curso donde hayamos ubicado la programación.
- Esforzarse con el trabajo físico y conseguir gasto energético.
- Acceder a contenidos teóricos de la materia como base práctica y mientras ésta se realiza.
- Disfrutar practicando cualquier tipo de actividad física: juegos, deportes, expresión, etc.
- Colaborar con los compañeros/as y participar en todas las actividades ocupando distintos roles.
- Trabajar todas las actividades motrices propias de estas edades en función del curso donde nos refiramos, incidiendo en cuestiones de salud, y de organización del grupo y actividades.
- Destacar la práctica deportiva e insistir en contenidos de expresión corporal.
- Informar de las posibilidades de aprendizaje y el modo de evaluación.
- Atención a los riesgos en las prácticas a la diversidad y al alumnado con n.e.e.
- Entender la importancia de la educación física como base de su práctica a lo largo de toda la vida.
- Inclusión de actividades relacionadas con la lectura, escritura y expresión oral, así como el manejo de las TIC/TAC.
- La evaluación como guía de nuestra acción docente. Partimos de la evaluación inicial o de conocimientos previos y efectuaremos una evaluación continua a lo largo de toda la unidad.

Otra opción a considerar en el apartado de la Introducción es justificar **por qué** la tratamos y ahora, en este momento del curso, su significancia para ello. Planteamos algunos ejemplos para que cada persona interesada tenga donde **elegir** el **argumento** a exponer al Tribunal:

- UDI de iniciación a los deportes

    o La presencia del juego deportivo en nuestro contexto y en la juventud en particular.
    o La presión social que tiene el joven sobre los deportes: prensa, radio, televisión, Internet, publicidad, modas en vestido-calzado-atrezzo.
    o A través del deporte tener conductas saludables, hábitos de higiene, etc.
    o Dar contenido saludable al tiempo libre.
    o Transferir las habilidades básicas y genéricas al aprendizaje de las específicas o deportivas. El juego pre-deportivo.

- UDI de expresión corporal

    o Aplicación a los bailes de salón.
    o Utilidad de los bailes populares como elemento de la cultura lúdica popular.
    o Ritmo.
    o Juego dramático y su posible representación en público.

- UDI sobre habilidades perceptivo-motrices (motricidad de base/elementos psicomotores básicos)

    o Las habilidades perceptivo motrices constituyen la base de la motricidad. El conocimiento corporal, del espacio y tiempo tiene en Primaria su edad crítica más favorable para su correcto aprendizaje.

- o Los factores sociomotores que implica su trabajo en grupo.
- o Su conexión con los aprendizajes básicos escolares (lecto/escritura).
- o Importancia del dominio de la lateralidad.
- o Las percepciones son la gran base para futuros aprendizajes deportivos.

- **UDI sobre cualidades coordinativas**

  - o Coordinación general. Importancia en la construcción de acciones complejas. Su relación con las habilidades básicas.
  - o Coordinación óculo-segmentaria. Su correspondencia con las manipulaciones de objetos y las destrezas básicas.

- **UDI sobre el juego popular-alternativo-cooperativo...**

  - o El juego como metodología.
  - o El juego como lenguaje para llegar al aprendizaje infantil.
  - o Las interacciones a través de la actividad lúdica.
  - o El juego en el tiempo libre, su práctica saludable.
  - o Uso de las TIC/TAC para investigar juegos del pasado.
  - o Rescatar de la memoria de nuestros mayores juegos autóctonos olvidados hoy día.

- **UDI sobre la habilidad y destreza motriz básica y genérica**

  - o Juegos simples de carrera, saltos, lanzamientos y recepciones...
  - o Juegos con recursos móviles muy variados.
  - o El juego popular como medio para el desarrollo de las habilidades genéricas.

- **UDI sobre salud**

  - o Concienciar acerca de tener hábitos higiénicos en clase.
  - o Importancia de la dieta, rehidratación, precauciones, equipación, etc.
  - o Calentamiento, estiramiento, relajación...

En cualquier caso, el comentario que hagamos en este apartado debe ser muy escueto. Primero, porque después tocaremos todos los aspectos citados: competencias, objetivos, etc. Segundo, porque el tiempo es escaso y no nos podemos extender. Y tercero, porque se trata de **introducir**, no de desarrollar o exponer.

Como último punto de este apartado nos centraremos en exponer el **diseño de la tarea integrada**. Ya empezamos a indicar qué es lo que pretendemos hacer durante la UDI. Debemos olvidarnos de dar los detalles, porque los dejamos para más adelante, concretamente en la Transposición Didáctica. Así pues, esbozamos la **tarea** prevista y cómo vamos a abordar su realización, los pasos a seguir durante la UDI. Por ejemplo, *"el producto social relevante a ejecutar consiste en la elaboración de un póster sobre la cooperación en el juego de equipo y para ello procederemos..."*

No obstante, cabe la posibilidad de hacer una tarea durante tres UDI destinada a temas de salud ya que las sesiones de cada Unidad son muy pocas, entre cuatro y cinco normalmente. Si así fuese, lo justificaríamos ahora.

> **EJEMPLO DE ANEXO A ENSEÑAR O MENCIONAR**
>
> Gráfica general, sea cual sea la UDI que nos toque, donde veamos con claridad la construcción de la habilidad motriz durante las edades propias de la Etapa Primaria y dónde está ubicado el grupo de referencia.
>
> Tabla relacionando la temática de la UDI con los objetivos del curso o Programación Didáctica.

B) CONCRECIÓN CURRICULAR. Nos centramos en especificar los elementos curriculares que hemos seleccionado, pero basándonos en los que la propia CEJA nos indica en la O. 17/03/2105 y D. 97/2015. También haremos referencia al R.D. 126/2014 y a la O. ECD/65/2015.

- **Criterios de evaluación.** Debemos **elegir** lo que **mejor** nos resulte tras haberlo **ensayado** a conciencia:

    o Enumerar los seleccionados y expresarlos tal y como aparecen en el R.D. 126/2014, BOE nº 52, de 01/03/2014, página 19409 y O. 17/03/2015, BOJA nº 60, de 27/03/2015, página 490 y siguientes, entre otras.
    o Decirlos, pero de forma muy **resumida**, porque el **tiempo** nos **apremia**.
    o Señalarlos por sus siglas y/o número, aunque si nos da tiempo, debemos glosarlos en su totalidad.

    Es necesario que lo comprobemos para **cronometrarnos** y decir lo que mejor se **adecue** a **nuestras posibilidades**. Debemos poner mucha atención porque son muchos **datos**, pero podemos incorporarlos en el **guión**, si nos lo permiten.

> **EJEMPLO DE ANEXO A ENSEÑAR O MENCIONAR**
>
> Tabla relacionando los criterios de evaluación de Educación Física con los de las otras áreas/asignaturas.

- **Objetivos de la Etapa y del área/asignatura de Educación Física para la Etapa con los que se relaciona la UDI.** Nombramos aquellos donde su conexión con la UDI sean más evidentes y damos una pequeña justificación con ejemplos, preferiblemente. Es decir, ¿por qué lo que voy a hacer durante la Unidad afecta a estos objetivos? Esta argumentación queda mucho más completa si citamos las sesiones de la UDI donde lo vamos a realizar. Mencionar el R. D. 126/2014 y la O. 17/03/2015.

> **EJEMPLO DE ANEXO A ENSEÑAR O MENCIONAR**
>
> Gráfico que conecte los objetivos de Etapa/área/curso/UDI, mostrando así su **concreción**.

- **Objetivos de otras áreas/asignaturas que tratamos al trabajar la UDI.** Procedemos igual que en el punto anterior, si bien ahora la complicación se hace más significativa porque debemos citar hasta algunos de los objetivos de otras áreas/asignaturas, dado que estamos en una U.D. Integrada, es decir, que involucra a otras enseñanzas del currículo. Lo mismo podemos decir de la educación en valores. Al menos, explicamos uno o dos ejemplos, añadiendo que están recogidos en la sesión "X" de la UDI. Por ejemplo: *"al trabajar las actividades de puesta en común y discusión de las estrategias a seguir en la Yincana, estamos también desarrollando el objetivo señalado de Lengua Castellana y Literatura, tal y como ocurre en la sesión número 3"*. Citar el R. D. 126/2014 y la O. 17/03/2015.

EJEMPLO DE ANEXO A ENSEÑAR O MENCIONAR

Gráfico sobre esas conexiones antes comentadas para que sirvan de base a nuestras explicaciones, mostrando así su **concreción**. Por ejemplo, con un dibujo de un alumno y alumna tomándose las pulsaciones en la sesión "X", *"estamos practicando al mismo tiempo el cálculo mental al sumar, multiplicar…"*

- **Objetivos propios de Andalucía, si procede**. Al examinarnos en Andalucía, o en otra comunidad, debemos citar la relación que la unidad tiene con alguno de los objetivos propios de la comunidad autónoma. Todo ello si procede porque habrá muchas unidades donde no exista esa concordancia. Con un juego aplicado demostraremos esa conexión, especificando a continuación el dato de la sesión donde lo realizaremos. Citar el D. 97/2015.

EJEMPLO DE ANEXO A ENSEÑAR O MENCIONAR

Gráfico donde vinculemos a una o varias tareas/actividades/ejercicios de la UDI con los objetivos de Andalucía u otra Comunidad Autónoma, para sirvan de base de nuestras explicaciones, mostrando así su **concreción**.

- **Objetivos didácticos. Su relación con los indicadores y las CC. Clave**. Vienen determinados para Andalucía en la O. de 17/03/2015 para cada bloque de contenido, en el Mapa de Desempeño, como "**indicadores**". Justificamos su elección en función de la edad, los aprendizajes previos, el contexto… Los objetivos los hemos formulado, seleccionados y relacionados con los de etapa, ciclo, curso y son coherentes con el resto de los elementos de la UDI. Debemos **citar** a **todos** pero no al pie de la letra porque sería proporcionar al tribunal de manera verbal la misma información que tienen delante, por escrito. Lo mejor sería hacerlo de forma **resumida** y **agrupándolos**, haciendo más hincapié en los **puntos clave** de los mismos. Por ejemplo, "coordinar ojo/mano"; "aprender a saltar con dos pies juntos"; etc. En este caso, cuando expliquemos las actividades/ejercicios, demostraremos que tienden a la consecución de ese objetivo. Por ejemplo, *"con las acciones sobre manipulación y bote de la pelota con una mano pretendemos que el alumnado consiga el objetivo de…"* En cualquier caso, haremos ver al tribunal la importancia que tiene su **logro**. Es muy conveniente citar uno o dos ejemplos concretos y decir también en la sesión donde lo haremos.

> **EJEMPLO DE ANEXO A ENSEÑAR O MENCIONAR**
>
> Gráfico donde tengamos la imagen de una acción práctica concreta y de una sesión determinada que demuestre cumple con lo indicado en el objetivo "x".
>
> Gráfico donde enlacemos los objetivos didácticos con los indicadores y CC. Clave.
>
> Gráfico con los dos o tres grupos de objetivos didácticos asociados por su temática.
>
> Gráfico que demuestre, con algún ejemplo concreto, la interconexión entre objetivos/indicadores/Competencias Clave

- **Contenidos. Referencias a los propios de Andalucía, si procede.** Si bien podemos seguir igual que hemos hecho con los elementos anteriores, su número puede hacer hasta "pesado" o monótono este apartado. No debemos recitarlos porque el Tribunal los tiene delante. Por ello, recomendamos indicar los contenidos agrupados por su temática: "realización de juegos perceptivos"; "búsqueda de información en Internet sobre…"; etc. Se trata de explicar al Tribunal cómo vienen secuenciados y que vamos a tratarlos **globalizadamente**. Podemos probar si nos resulta cómodo expresarle la relación objetivo → contenido → criterio de evaluación con uno o dos ejemplos. Podemos aclararles que en ciertas UDI el número de contenidos de un determinado tipo los hemos **priorizado**, a pesar de que los aplicamos globalmente. Por ejemplo, "*en la UDI número 9, destinada al juego cooperativo, hemos prevalecido los contenidos de índole actitudinal habida cuenta los valores de colaboración, ayuda mutua, apoyo, etc. que tiene*". Sería bueno **recalcar** que hemos seleccionado y **secuenciado** adecuadamente los contenidos de modo equilibrado y que están acordes con los objetivos planteados. Igualmente procederemos en el caso de que la temática de la UDI conecte con algún contenido autonómico. Decimos un ejemplo concreto y en qué sesión se encuentra ubicado. Mencionar el R. D. 126/2014 y la O. 17/03/2015. En los contenidos de Andalucía, citar al D. 97/2015.

> **EJEMPLO DE ANEXO A ENSEÑAR O MENCIONAR**
>
> Gráfico que relacione los contenidos con objetivos/criterios.
>
> Gráfico agrupando los contenidos por ámbito teórico, práctico o valores.
>
> Gráfico con una imagen de un juego y cómo éste se corresponde con el contenido nº "x"

- **Elementos transversales**. Debemos matizar al Tribunal aspectos que demuestren la **relación** de los elementos transversales citados con las actividades y ejercicios de la unidad, incluso poniendo ejemplos específicos de la sesión "x" para que le sea fácil comprobarlo. Por ejemplo, en una unidad sobre deporte/dieta/hidratación citamos el elemento transversal sobre "actividad física y dieta equilibrada". Explicamos con ejemplos prácticos concretos, incluso especificando la sesión donde lo aplicamos, cómo al trabajar determinado aspecto de la UDI estamos haciéndolo también con…, su relación. Debemos huir de los mismos razonamientos que hemos detallado en la UDI entregada para no repetirnos, por lo que debemos comentar situaciones prácticas. Citar como legislación específica el R. D. 126/2014 y la Ley de Educación de Andalucía (2007), ya que en estos dos elementos legislativos vienen recogidos los elementos transversales a tratar.

> **EJEMPLO DE ANEXO A ENSEÑAR O MENCIONAR**
>
> Gráfico de algún juego concreto de una sesión determinada que trate aspectos de lo que expresa uno o varios elementos transversales.

- **Competencias Clave**. Debemos exponer ejemplos concretos y sesión específica donde tenemos pensado llevarlos a la práctica, donde demostremos que, trabajando los contenidos ya citados, aportamos nuestra contribución al logro de las Competencias Clave. Una novedad que suele gustar es comentar las posibilidades que nos ofrecen las T.I.C. (competencia sobre el tratamiento de la información y la competencia digital). Esto es importante porque en cada Unidad hemos debido poner algún tipo de contenido relacionado con ello. Sería bueno **recalcar** que los distintos elementos de la UDI los hemos orientado a la adquisición de las CC. Clave. Mencionar como legislación al R. D. 126/2014, y la O. 17/03/2015.

> **EJEMPLO DE ANEXO A ENSEÑAR O MENCIONAR**
>
> Gráfico de algún juego de una sesión determinada que nos sirva de base o complemento en nuestra explicación para relacionar esa acción con la C. Clave concreta.
>
> Si nos decidimos por la Competencia de "Competencia Digital" (CD), una buena opción es aportar una o varias imágenes de algún programa informático que hayamos citado previamente. Por ejemplo, una Webquest.

C) TRANSPOSICIÓN DIDÁCTICA: Ahora empezamos a exponer lo que, posiblemente, nos **diferencie** más del resto de opositores ya que "interpretamos" la actividad práctica a realizar y la metodología y recursos concretos que usamos. Es seguro que con otros opositores coincidamos en objetivos y contenidos, incluso con metodología porque todos de una u otra manera debemos seguir el currículo oficial (O. 17/03/2015 y O. ECD 65/2015, anexo II), pero ya es más **difícil** con las **tareas/actividades/ejercicios**, porque las variantes de éstas son muy extensas, sobre todo si usamos diversos recursos móviles. Además, el conjunto de contextos o ámbitos y escenarios, recursos didácticos y la temporalización que prevemos para llevar a cabo la UDI debe ser muy personal. Seleccionamos la metodología apropiada para desarrollar los procesos cognitivos o modelos de pensamiento identificados para facilitar la realización de las actividades. En cualquier caso, este es el **punto principal**, donde nos detendremos un **tiempo significativo** y que, normalmente, nos va a distinguir de los demás.

- **Tareas.** Podemos comenzar indicando las diferencias entre tarea/actividad/ejercicio, siempre que tengamos constancia que el tribunal no lo domina. Citar la tarea y/o sub tareas a realizar, incluso relacionándolas con las competencias y objetivos. Cómo la hemos diseñado y su por qué o justificación. Citar cómo es el proceso, sus detalles y de qué manera la pueden aplicar a su vida diaria. Su conexión con el "**producto social relevante**" y, lógicamente, con el currículo.

Antes de tratar actividades y ejercicios, debemos pensar muy bien la mejor manera de exponerlas, con la que nos sintamos más seguros. En este sentido, podemos **escoger** varias **opciones**, como observamos en el siguiente gráfico:

¿CÓMO ENFOCAR LA EXPOSICIÓN DE LAS ACTIVIDADES Y EJERCICIOS?

Explicamos una sesión. Mucho cuidado con el tiempo disponible
Explicamos 5-6 actividades/ejercicios de las partes centrales de las sesiones
Ídem, pero rebajamos su número a 2-3 y añadimos algún juego de Animación y Vuelta a la Calma

- **Actividades**. Son las acciones que ubicamos para lograr un nuevo conocimiento o alguno ya conocido, pero de forma diferente. Las exponemos de manera **detallada**, estableciendo su relación con la/s tarea/s y los ejercicios posteriores. Si tenemos previsto en la UDI a exponer actividades complementarias y extraescolares, las citamos con más o menos detalle, justificando lo previsto a realizar en el lugar a donde vayamos.

- **Ejercicios**.
  - Ahora, el Tribunal comprobará si con los ejercicios previstos se cumplen los objetivos y contenidos propuestos, además si son aplicables y adecuados al grupo de referencia, tienen varios niveles de gradación para atender a la **diversidad**, etc. Debemos describirlos con todos los detalles, comentando sus **finalidades concretas** y cualquier otro dato significativo, como los problemas motores a resolver, etc. Por ejemplo, ante un objetivo relacionado con la mejora de la coordinación óculo-manual, explicamos en qué consiste el juego "¿quién mantiene el globo más tiempo en el aire?" Le diremos al Tribunal que con la práctica de este juego simple con globo, se cumple el ajuste móvil-ojo-mano, etc. Podemos dar detalles de otros posibles aprendizajes o perfeccionamientos "colaterales", como afirmación de la lateralidad y su importancia para la **lecto-escritura**, conocimiento del propio cuerpo, factores socio afectivos, etc. También es interesante aprovechar la pizarra para diseñar un gráfico... No obstante, si lo permite la Convocatoria, podemos aportar algunos **anexos como apoyo**. Por ejemplo, foto de este juego, aunque con la cara del alumnado pixelada.
  - Al mismo tiempo podemos explicar las **características metodológicas** prácticas precisas de cada juego, agrupaciones, cooperación, propuestas para una mayor individualización, atención al alumnado con N.E.A.E., etc. Por ejemplo, "*con esta actividad lúdica, el alumnado logra este aprendizaje... debido a que...*". En este sentido, debemos matizar que tendremos en cuenta la **actividad previa** a nuestra sesión, es decir, el alumnado procede de una clase de inglés o del recreo, sobre todo si en éste han realizado juegos populares de persecución debido a que "*tenemos organizados los recreos inteligentes*". Estas peculiaridades metodológicas de los juegos debemos ser cuidadosos para **no repetirlas** en el apartado de Metodología.
  - Si estamos ante una UDI con temática relacionada con las habilidades genéricas, con la iniciación deportiva al balonmano, con el juego popular

- o el pre-deportivo y uno de los juegos, por ejemplo, es el "Balón-Tiro", podemos especificar una serie de **objetivos** motores **muy concretos**, como "ejecutar lanzamientos con una mano por encima del hombro", "aplicar la destreza básica del lanzamiento a situaciones de juego cambiante", etc. También otros de tipo socio afectivo, como "colaborar con los demás compañeros" o "reconocer los éxitos de los demás". Desde un punto de vista metodológico, podemos explicar rasgos tales como la organización del grupo y nuestra comunicación con sus componentes, la relación trabajo-pausa, nuestra propia ubicación para controlar convenientemente al grupo y dar mejor conocimiento de resultados, etc. También las normas de seguridad, como el uso de balón "autohichable" para evitar impactos dolorosos, etc.
- o Si tenemos recogida una actividad complementaria o extraescolar, debemos detallarla, recreándola incluso, si bien ya deberíamos haberla citado en el apartado anterior. Podemos hacerlo en éste más exclusivo o añadirlo a la temporalización. Sería ideal, si nos lo permiten, corroborar nuestro relato ofreciendo folletos, fotos, etc. de este espacio o aportarlas en el anexo.
- o No podemos olvidarnos de citar algunos ejemplos de juegos de animación o exploración inicial, de consolidación, y de ampliación y refuerzo en general o los **adaptados** para algún alumno o alumna con necesidad específica de apoyo educativo, que lo hayamos recogido en la Programación Didáctica. En todo caso, siempre daremos ejemplos, pero justificándolos. No obstante, todo lo relacionado con la diversidad lo podemos dejar para el apartado correspondiente ubicado más adelante.
- o Sería bueno "**vivenciar**" la explicación de las actividades/ejercicios, aunque depende de nuestra propia **habilidad expositiva y expresiva**.
- o Una estrategia relativamente habitual consiste en ubicar como primera actividad de cada UDI "Juegos de Animación: persecuciones, desplazamientos, etc." Lo mismo podemos hacer con la última actividad de cada UDI, "Juegos de Vuelta a la Calma: relajatorios, calmantes, sensoriales, etc." Con esto tenemos la posibilidad de explicar, **nos toque la UDI que nos toque**, los **mismos** siempre, lo que nos dará más seguridad. La relación de ejercicios a explicar sería: 1 ó 2 de Animación; 3-4 de Parte Principal y 1 ó 2 de Vuelta a la Calma. En este caso, podemos indicar los aspectos más destacables de los "protocolos" de la primera y última parte de la sesión.
- o Recomendamos citar/explicar "**obligatoriamente**" algunas actividades/ejercicios relacionados con la **lectura, escritura y expresión oral**, así como el fomento y uso de las **TIC**, aunque siempre teniendo en cuenta la **diversidad** del grupo.
- o En el caso que debamos exponer una Unidad relacionada con la **iniciación deportiva**, entendemos, porque siempre nos ha dado muy buen resultado, que debemos tratar **conjuntamente** su **metodología**. Nos referimos, naturalmente, a los llamados "métodos activos", haciendo mención al juego simplificado, a las situaciones de enseñanza con las reflexiones del alumnado y búsqueda de estrategias, etc. Debemos citar a los autores de referencia: Blázquez, Devís, Giménez, etc.

> **EJEMPLO DE ANEXO A ENSEÑAR O MENCIONAR**
>
> Son múltiples las posibilidades que nos ofrece la exposición de esta parte de la UDI, tanto si no usamos la pizarra por llevarnos unos anexos gráficos preparados (aunque sería un error si uno de los ítem que nos van a valorar es su uso), como si la utilizamos. Si optamos por llevarlos ya en papel, deben ser varios para darle más amenidad a nuestra exposición oral. Por ejemplo, fotos o gráficos de los juegos, secuencias de cómo una actividad se descompone en varios ejercicios, etc.
>
> Añadimos en las siguientes páginas **12 modelos de organizadores gráficos**, pero sólo son meros **ejemplos** de los muchos que tienen cabida. Cualquiera que nos guste debemos ensayarlo y cronometrarnos. Debemos partir de un modelo de **esquema expositivo** apropiado que favorezca nuestro "lucimiento".
>
> Vemos, pues, mapas conceptuales centrados en los recursos materiales a usar, en la habilidad a trabajar, etc. Y combinando o no aspectos metodológicos concretos, para demostrar al Tribunal nuestro dominio en la metodología aplicada a una determinada situación. Al mismo tiempo que vamos escribiendo o dibujando en la pizarra, comentamos las acciones o juegos a los que se refiere.

En cualquier caso, sería bueno **recalcar** al Tribunal que:

- Actividades/ejercicios de enseñanza-aprendizaje de la UDI nos permiten abordar todos los contenidos seleccionados y son coherentes con los objetivos de aprendizaje previstos.
- Hemos realizado una distribución gradual y equilibrada de actividades de detección de conocimientos previos, de motivación, de desarrollo, de refuerzo y ampliación y de evaluación para atender la diversidad de necesidades e intereses del alumno, contemplando la organización de espacios, tiempos y recursos materiales.
- Si en la UDI tenemos prevista una **actividad complementaria o extraescolar**, debemos mencionarla y dar a conocer sus rasgos más importantes, al mismo tiempo que apoyarnos en un **anexo** como foto de la misma, carta a las familias solicitando la autorización e informando de los detalles de la actividad: horario, comida, contenidos, etc.

GRÁFICO: *Explicación de un juego con especificación de las características motrices, físicas y socio-afectivas que trabajamos, así como algunos detalles metodológicos.*

JUEGO

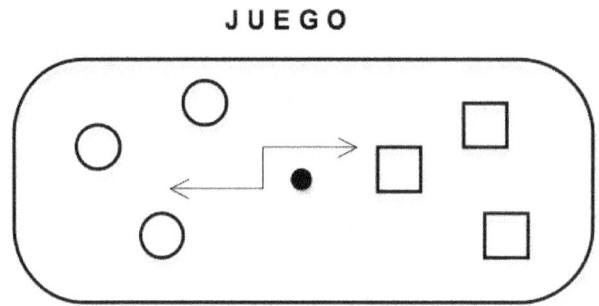

CARACTERÍSTICAS DEL JUEGO

MOTRICES · FÍSICAS · SOCIO/AFECTIVAS

H. y D. Básicas · Velocidad · Colaboración

Equilibrio Dinámico · Resistencia · Respeto reglas

ASPECTOS METODOLÓGICOS

estilo; organización grupal; desplazamientos; ubicación docente; pausas; información; etc.

GRÁFICO: *Tomando como referencia el recurso de la colchoneta, explicamos diversas posibilidades lúdicas teniendo como base estrategias metodológicas relacionadas con la resolución del problema.*

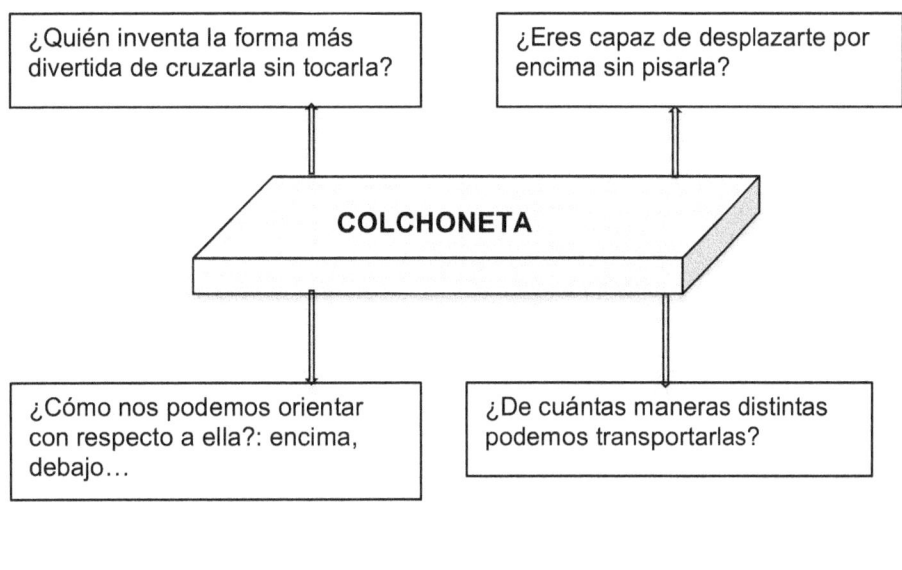

GRÁFICO: *Tomando como referencia el recurso del banco sueco, explicamos diversas posibilidades lúdicas teniendo como base estrategias metodológicas relacionadas con la resolución del problema.*

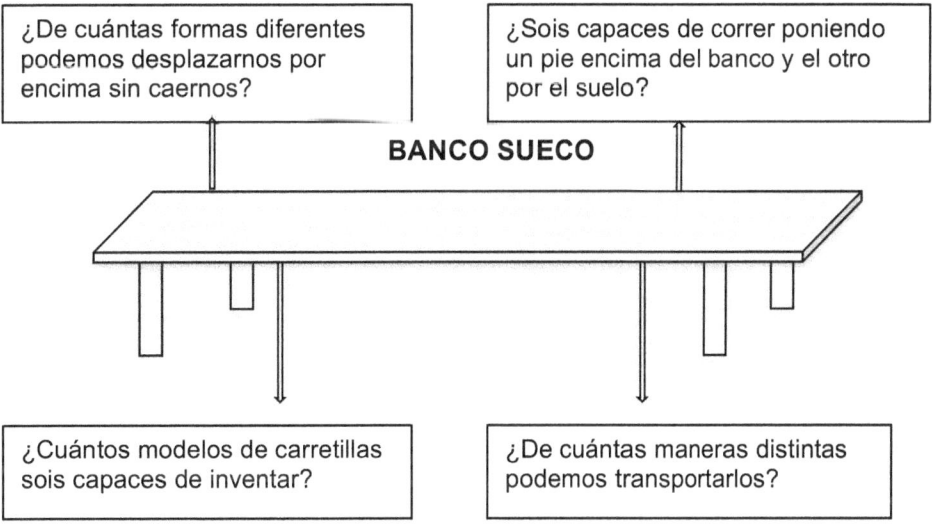

GRÁFICO: *Tomando como referencia el recurso de la pelota, explicamos diversas posibilidades lúdicas teniendo como base estrategias metodológicas relacionadas con la resolución del problema.*

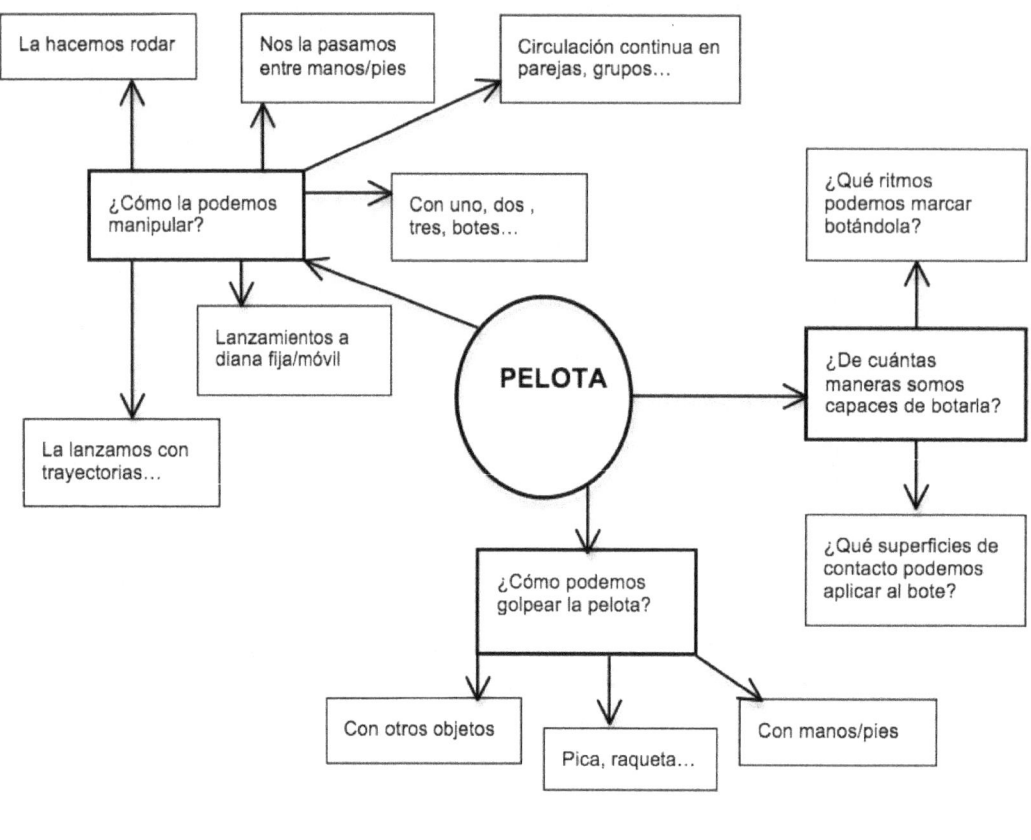

GRÁFICO: *Tomando como referencia la habilidad del desplazamiento, explicamos diversas posibilidades lúdicas que planteamos al alumnado.*

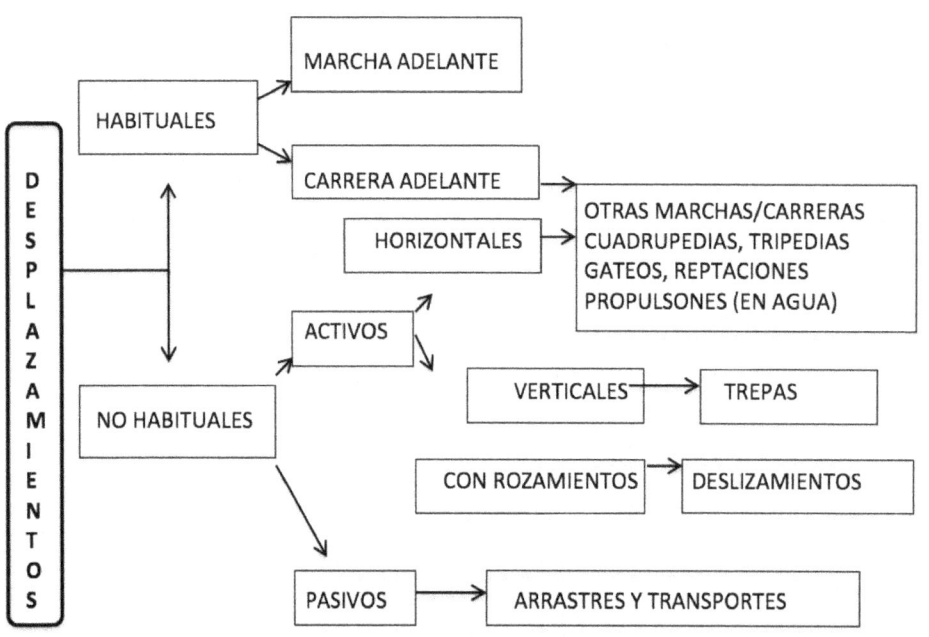

GRÁFICO: *Tomando como referencia la habilidad del salto, explicamos diversas posibilidades lúdicas que planteamos al alumnado.*

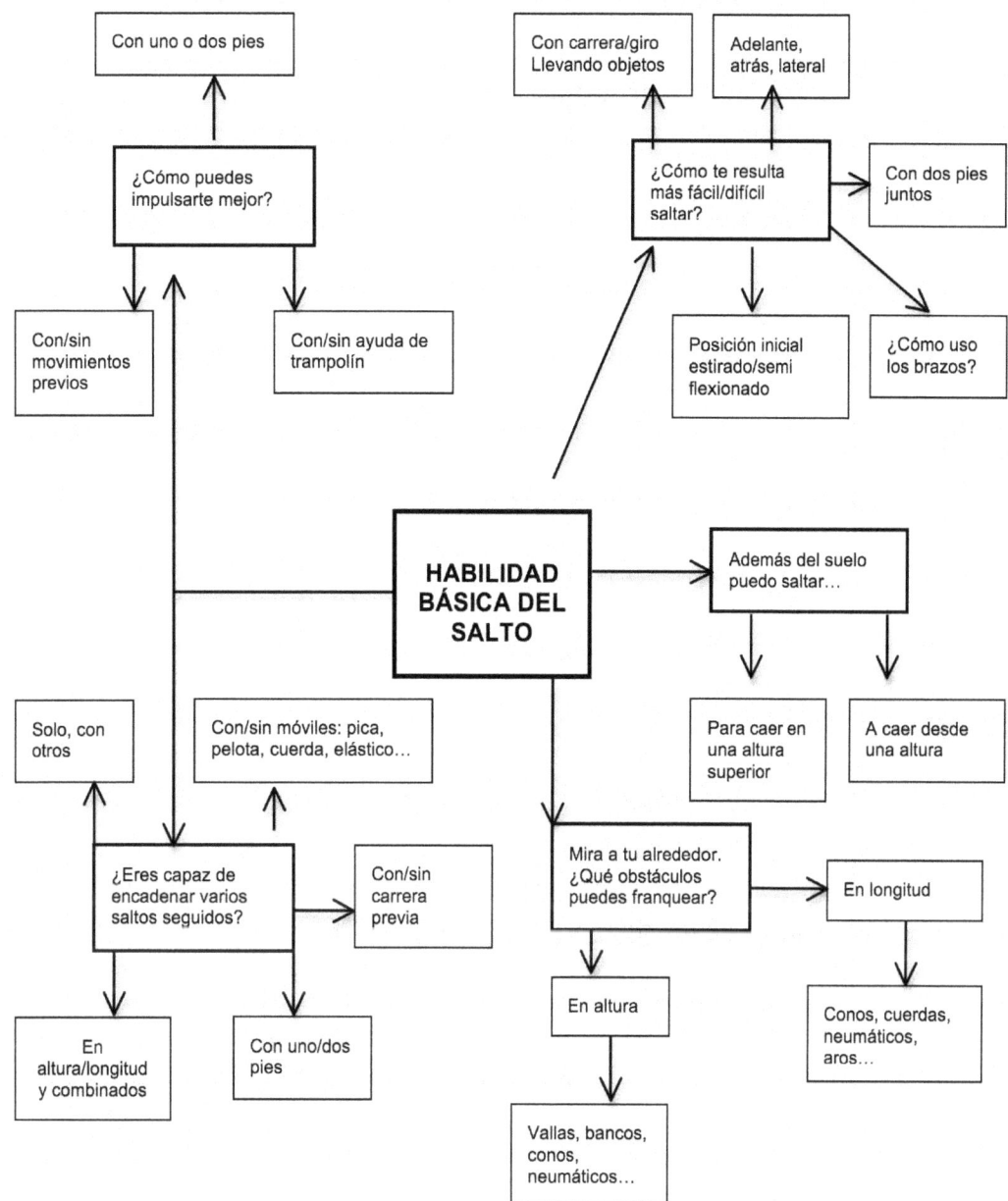

GRÁFICO: *Ejemplo de cómo exponer al Tribunal los grupos de juegos y sus variables a realizar en una unidad didáctica integrada sobre la percepción espacial.*

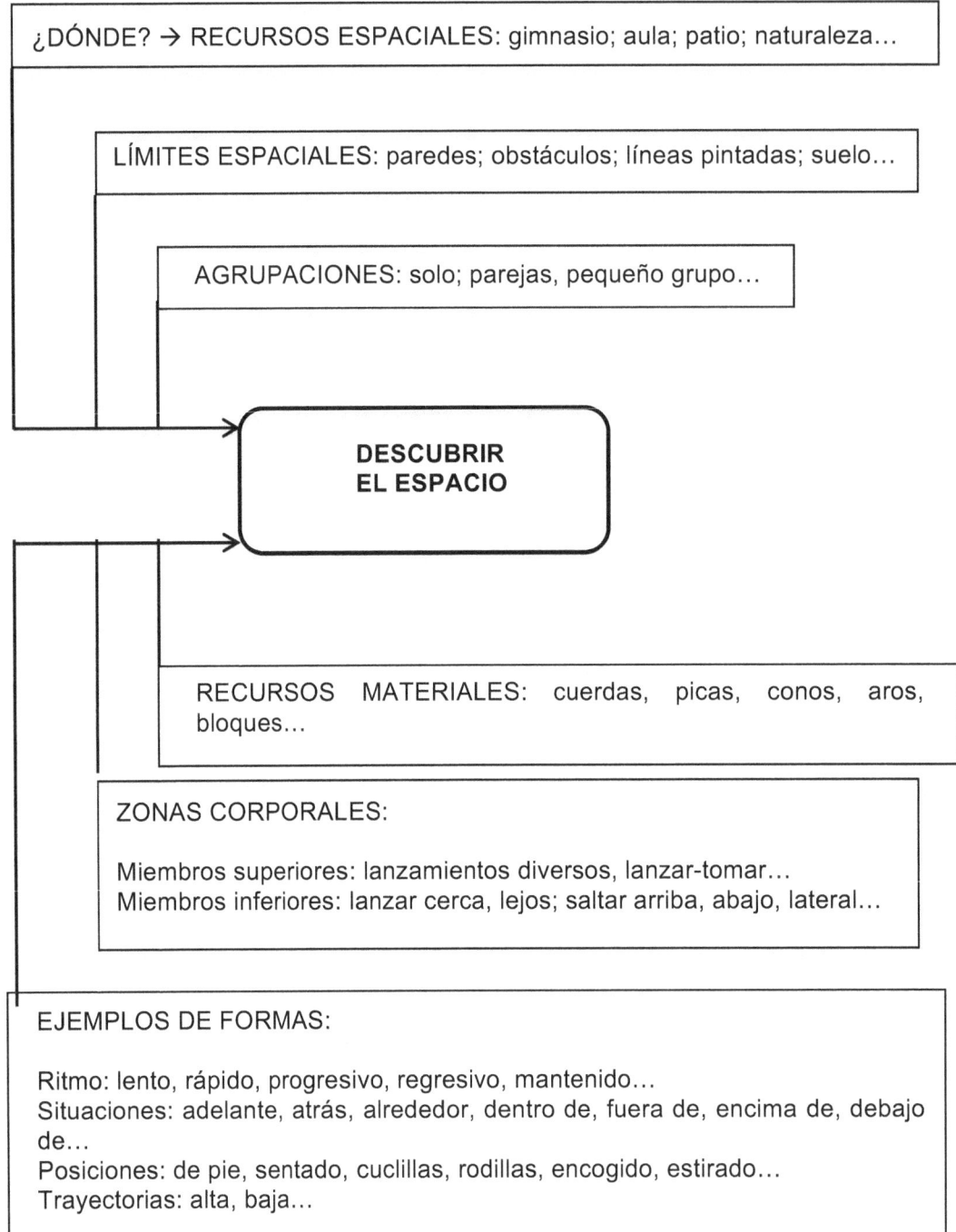

GRÁFICO: *Ejemplo a usar como apoyo en la exposición de las propuestas prácticas en una U.D.I. relacionada con la estructuración espacio/tiempo; coordinación general o habilidades básicas.*

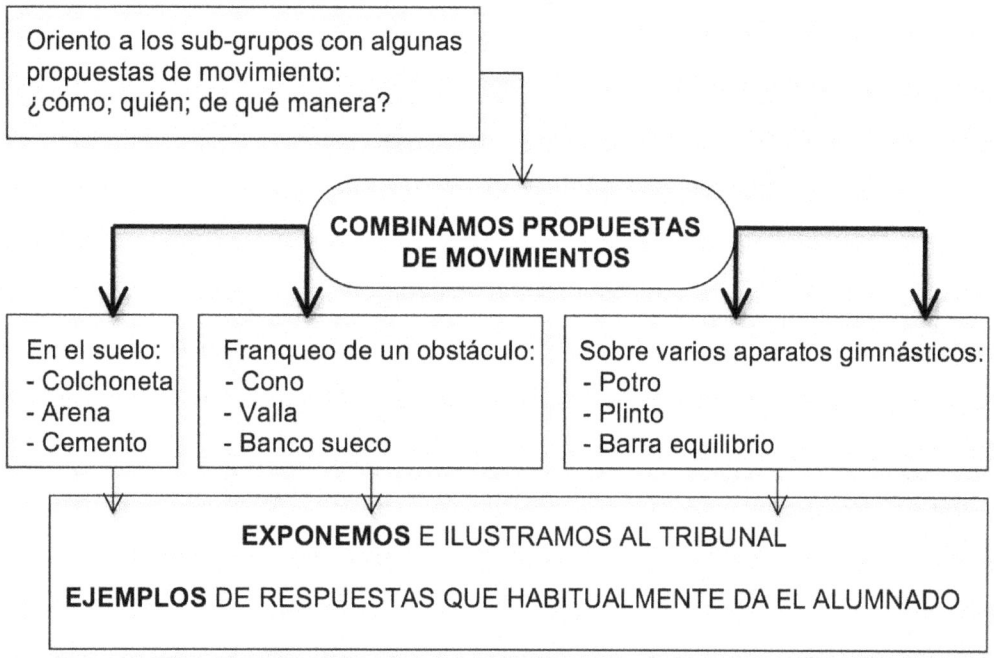

GRÁFICO: *Modelo de ejemplo a usar como apoyo en la exposición de las propuestas prácticas en una U.D.I. relacionada con el esquema corporal; estructuración espacio/tiempo; coordinación general y equilibrio.*

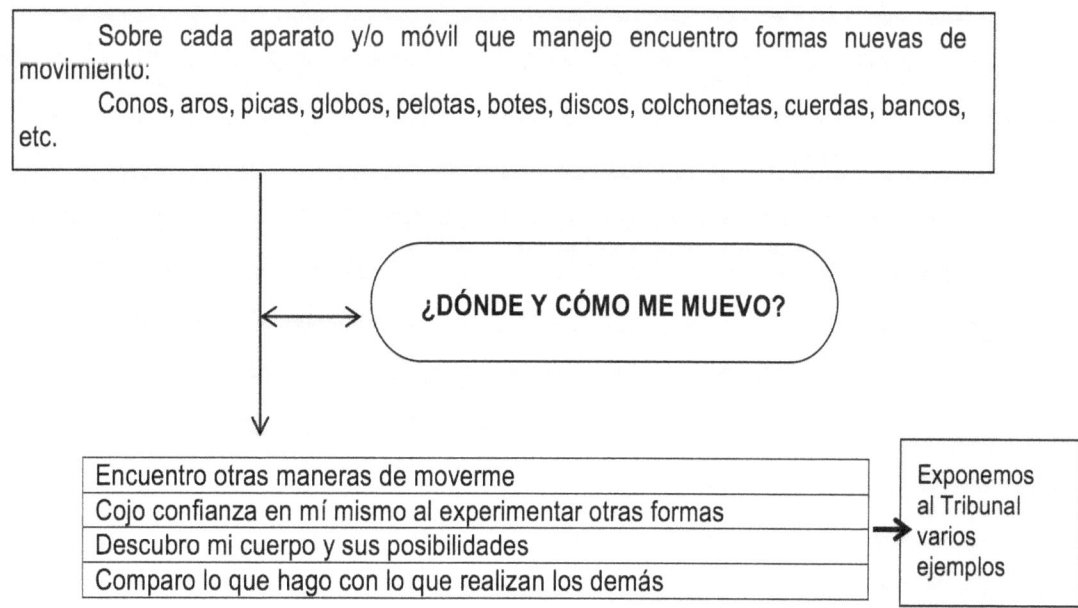

GRÁFICO: *Ejemplo a usar como apoyo en la exposición de las propuestas prácticas en una U.D.I. relacionada con el esquema corporal; coordinación general y equilibrio, ante el problema motor de "¿cómo puedo moverme de manera diferente?".*

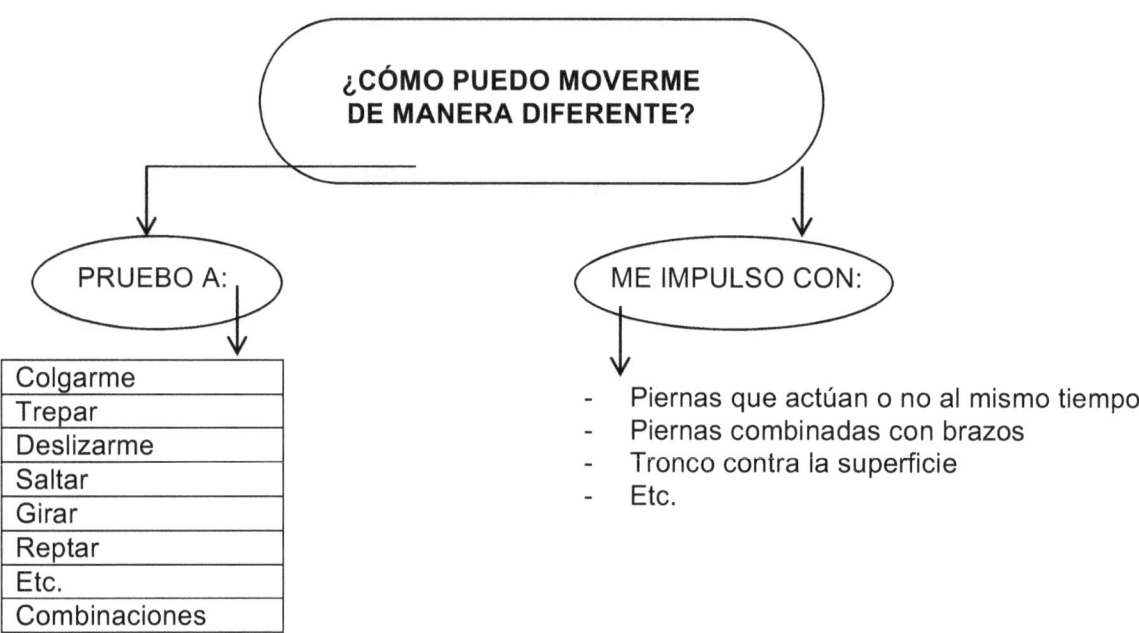

En el **siguiente** esquema-resumen, resaltamos en un **gráfico-tipo** los **detalles** relativos a los ejercicios a explicar, así como sus detalles metodológicos, pero siempre tendentes a demostrar al Tribunal cómo con los mismos logramos los objetivos didácticos y las CC. Clave programadas en la UDI.

En su diseño hemos partido de la base que cualquier juego dinámico, normalmente, se ve influido por **cuatro aspectos** que, en función de la propia acción a realizar, unos serán más determinantes que otros: aspectos físicos, motores, socio-afectivos y cognitivos.

Estas acciones prácticas, lúdicas normalmente, debemos aplicarlas con unos **criterios metodológicos** muy concretos recogidos en la parte inferior del gráfico, y que podemos ir explicando al Tribunal al mismo tiempo.

CÓMO EXPONER LAS UNIDADES DIDÁCTICAS INTEGRADAS (UDI) EN EDUCACIÓN FÍSICA

TABLA RESUMEN SOBRE CÓMO EXPONER LOS EJERCICIOS DE LA UDI, PRIORIZANDO LAS CAPACIDADES QUE DESARROLLA CADA JUEGO Y SUS POSIBILIDADES METODOLÓGICAS PRÁCTICAS

⬇ ⬇ ⬇

MANIFESTAR SIEMPRE AL TRIBUNAL CÓMO LAS ACTIVIDADES/EJERCICIOS CONTRIBUYEN AL DESARROLLO DE OBJETIVOS Y CONSECUCIÓN DE LAS CC. CLAVE, ASÍ COMO, PARALELAMENTE, TRATAMOS OTRAS ÁREAS Y TRANSVERSALIDAD. TAMBIÉN, SUS RELACIONES CON LÍNEAS GENERALES DE ACTUACIÓN PEDAGÓGICA

⬇ ⬇ ⬇

ACTIVID./EJERC. → GRUPOS DE CAPACIDADES EN LOS QUE PUEDEN INCIDIR

FÍSICO	MOTOR	SOCIO AFECTIVO	COGNITIVO
- Resistencia - Fuerza - Flexibilidad - Velocidad	- H. Perceptivas - H. y D. Básicas - H. Genéricas - H. Específicas - H. Expresivas - Coordinaciones - Equilibrios	- Respeto - Cooperación - Socialización - Juego limpio - Solidaridad - Etc.	- Creatividad - Pensamiento - Inteligencia - Etc.

JUEGOS → ASPECTOS METODOLÓGICOS APLICADOS A RESALTAR

- ESTILO DE ENSEÑANZA: asignación de tareas, resolución de problemas, etc.

- COMUNICACIÓN: visual; auditiva; kinestésico-táctil

- ORGANIZACIÓN GRUPAL (ESTRUCTURA): formal; informal; semi formal

- ORGANIZACIÓN GRUPAL (Nº ALUMNOS): parejas; tríos; coloquial; masivo

- TIEMPO DE COMPROMISO MOTOR: simultánea; alternativa; sucesiva

- POSICIÓN DOCENTE: externa o focal; interna; tangencial

- TÉCNICA DE ENSEÑANZA: directa; indirecta

- ESTRATEGIA EN LA PRÁCTICA: global; analítico

- ADAPTACIONES METODOLÓGICAS: en caso necesario…

GRÁFICO: *Otra manera de exponer globalmente el apartado de tareas / actividades / ejercicios.*

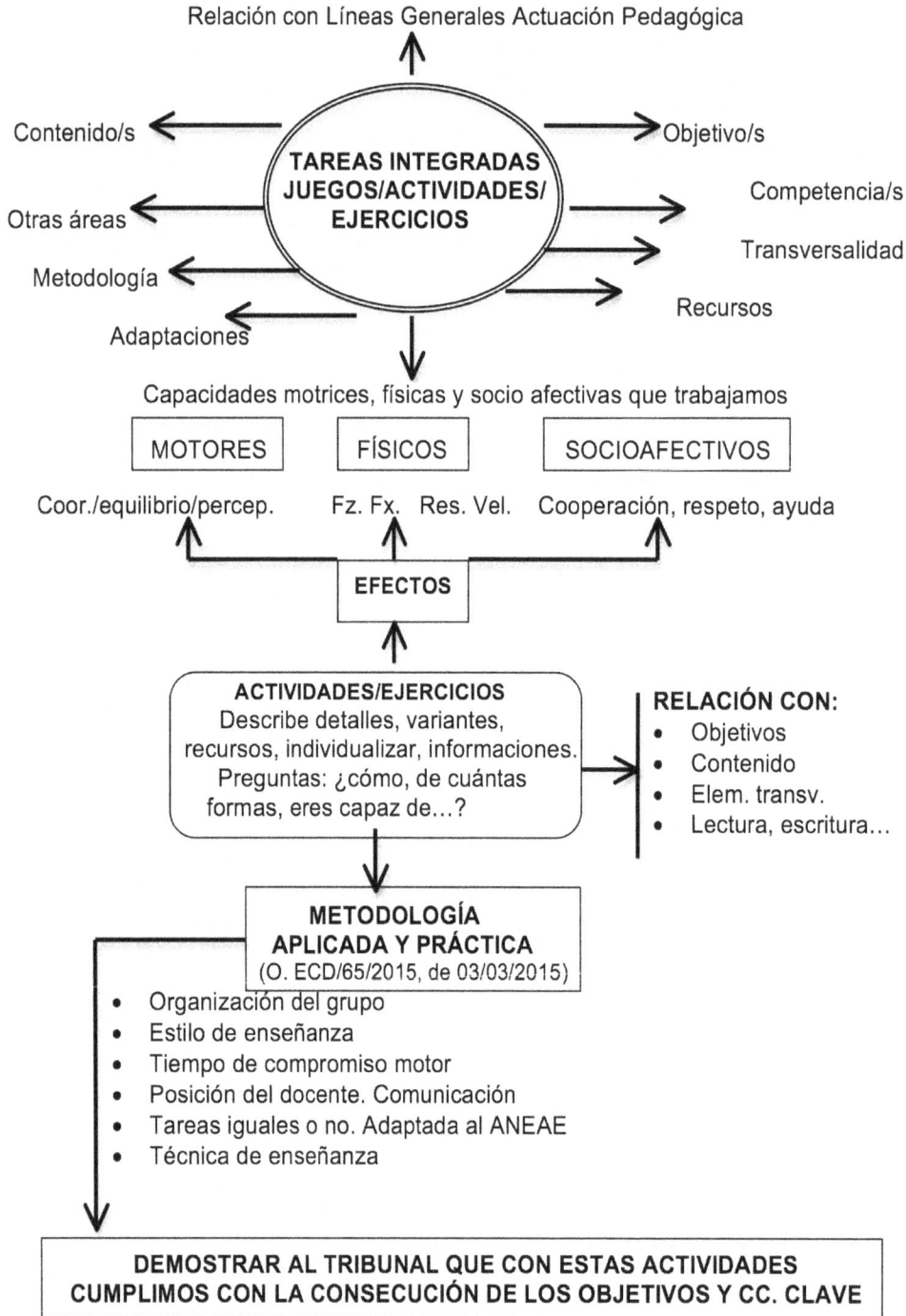

La legislación a citar respecto a las tareas actividades y ejercicios, es: R.D. 126/2014, O. ECD 65/2015; D.97/2015; O. 17/03/2015.

- **Atención a la diversidad**. Este punto podemos unirlo a lo expresado antes en el apartado general. No obstante, si en la Programación Didáctica reseñamos que tenemos un caso de índole "grave", podemos dejar este punto en exclusiva para su tratamiento, porque un porcentaje significativo del tiempo lo dedicaremos a su atención: estrategias, adaptaciones de juegos, evaluación, etc. En cualquier caso, debemos detallar algunos pormenores a tener en cuenta en la adaptación de las actividades al alumno con necesidad específica de apoyo educativo. En muchas ocasiones, aunque siempre en función de las individualidades del grupo que hayamos citado en la Programación, nos vale con tener recursos de varias gradaciones (vallas de varias alturas), complejidades (pelotas y globos), establecer trayectos con más o menos metraje; etc. Citar la O. 25/07/2008, texto consolidado en 2016; Instrucciones del 08/03/2017.

> **EJEMPLO DE ANEXO A ENSEÑAR O MENCIONAR**
>
> Gráfico o fotos de los materiales adaptados que vamos a usar en la UDI. Nos sirve de base para exponer ejemplos específicos.
>
> Tabla o mapa conceptual con los rasgos y adaptaciones que vamos a tener en cuenta con ese determinado alumno/a.

- **Actividad/es final/es. Tarea integral terminada o producto social relevante**. Debemos mostrar una foto, gráfico, etc. de lo que hayamos trabajado, preferiblemente en grupos cooperativos, durante las sesiones de la UDI. Citaremos las posibles dificultades encontradas y cómo las hemos solucionado, su relación con otras áreas y transversalidad, etc.

> **EJEMPLO DE ANEXO A ENSEÑAR O MENCIONAR**
>
> Normalmente, el mejor **anexo** a presentar es aportar como tal el póster, maqueta, etc. o la foto del mismo o varias fotos/secuencias de un vídeo, en función de la tarea realizada.
>
> Gráfico específico de la foto de la tarea durante las diversas fases de su realización.

- **Procesos cognitivos o tipos de pensamiento desarrollados con las actividades**. Se trata de establecer la relación entre la actividad y el tipo de pensamiento que desarrollamos con la misma. Por ejemplo, si hacemos un debate -como puede ser el caso de una "Vuelta a la Calma"-, el tipo de pensamiento es el deliberativo. Mencionar la legislación siguiente: R.D. 126/2014; D. 97/2015; O. 17/03/2015.

> **EJEMPLO DE ANEXO A ENSEÑAR O MENCIONAR**
>
> Cualquier gráfico que demuestre claramente las explicaciones que demos sobre el pensamiento tratado en una o varias acciones, como la foto de un grupo sentado en círculo y debatiendo el tema tratado.

- **Metodología**.
    - Atención si en el anterior apartado de "actividades/ejercicios" hemos explicado algunos rasgos metodológicos, para **no repetirnos**.
    - Debemos dejar claro que partimos de una metodología **contextualizada**, es decir, situaciones de enseñanza teniendo en cuenta las características del grupo clase. Las metodologías que contextualizan el aprendizaje favorecen la participación activa, la indagación y experimentación, los grupos **cooperativos** y un aprendizaje funcional que va a facilitar el desarrollo de las competencias, así como la motivación de los alumnos y alumnas al contribuir decisivamente a la **transferibilidad** de los aprendizajes a su vida cotidiana.
    - Debemos poner algún ejemplo relacionado con la **individualización**, por ejemplo aplicando un estilo de enseñanza adecuado, como "Grupo de Nivel".
    - Aconsejamos explicar situaciones relacionadas con la metodología **indagatoria**. Por ejemplo, ante una situación de coordinación, **preguntamos**: "*¿cómo es más fácil saltar esta serie de conos?*
    - También, dada la importancia que está teniendo en los últimos años, podemos tratar algún ejemplo de **aprendizaje en grupo cooperativo**. Por ejemplo, "*ante una situación de enseñanza consistente en crear una serie de diálogos para un juego dramático, todos los componentes del grupo aportan y cooperan para que la representación del sea...*"
    - No olvidar los detalles metodológicos a tener en cuenta con la diversidad, también poniendo ejemplos concretos de actuación. "*Con el alumno que requiere un ritmo de aprendizaje más lento voy a hacer...*", "*con la alumna que tiene una leve discapacidad visual voy a hacer...*".
    - Los modelos de enseñanza se corresponden con los "estilos de enseñanza". Comentamos los que trabajamos durante la UDI y su por qué, con ejemplos concretos. Así, en un test de velocidad de desplazamiento es muy aplicable el estilo de "Grupo Reducido".
    - Citar al Tribunal la O. ECD/65/2015, Anexo II; O. 17/03/2015.

> **EJEMPLO DE ANEXO A ENSEÑAR O MENCIONAR**
>
> Estaría bien cualquier gráfico que demuestre claramente las explicaciones que estemos dando sobre cualquiera de los aspectos metodológicos aplicados a una sesión o juego. Por ejemplo, cómo distribuimos a los componentes del sub grupo al realizar el estilo de "Grupo Reducido" durante un test de 50 metros lisos.

    - **Agrupamientos**. Referimos los tipos de **organizaciones/grupos** que llevamos a cabo y su por qué. Por ejemplo, "*con este juego disponemos al alumnado con una distribución de tipo "semi-formal" porque trabajamos en circuito y una relación trabajo/pausa...*" Unido a la organización grupal va la **ubicación del docente** con respecto al grupo. Podemos dar algunos detalles citando ejemplos concretos de juegos. Lo mismo decimos sobre nuestra situación con respecto al grupo. Por ejemplo, "*en este juego debemos combinar una posición focal con otra interna porque...*" Asimismo podemos comentar los **canales** de información a usar. Por ejemplo, "*en el juego de relajación, donde el alumno que está tendido prono, debe adivinar el número que el otro le dibuja con el dedo sobre la espalda, existe una información de tipo kinestésico-táctil*". Citar al Tribunal la O. ECD/65/2015; O. 17/03/2015.

EJEMPLO DE ANEXO A ENSEÑAR

Podemos llevar algún documento gráfico para que el Tribunal vea la agrupación determinada aplicada durante la realización de un juego concreto en una sesión establecida. Sobre ese fondo vamos explicando y argumentando las razones para escoger esa forma de agrupación, nuestra ubicación, la relación trabajo/pausa, etc.

Adjuntamos **dieciséis ejemplos** de estas agrupaciones, en función de diversos aspectos, en las siguientes páginas.

GRÁFICO 1. Organización individual.

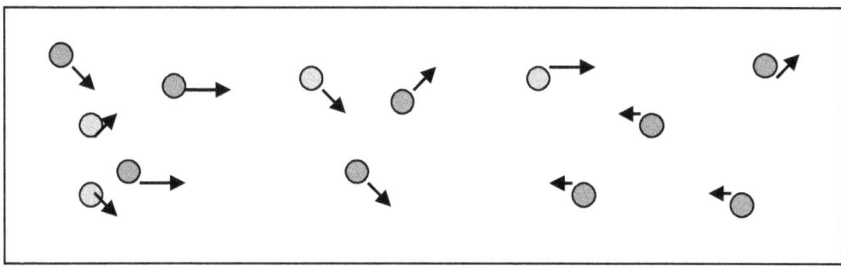

GRÁFICO 2. Organización en parejas.

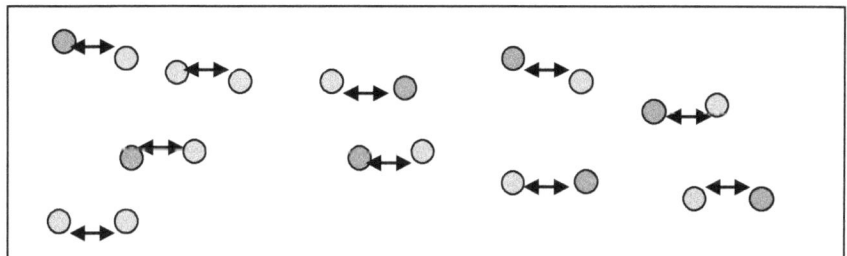

GRÁFICO 3. Organización en grupos pequeños para juego de relevos.

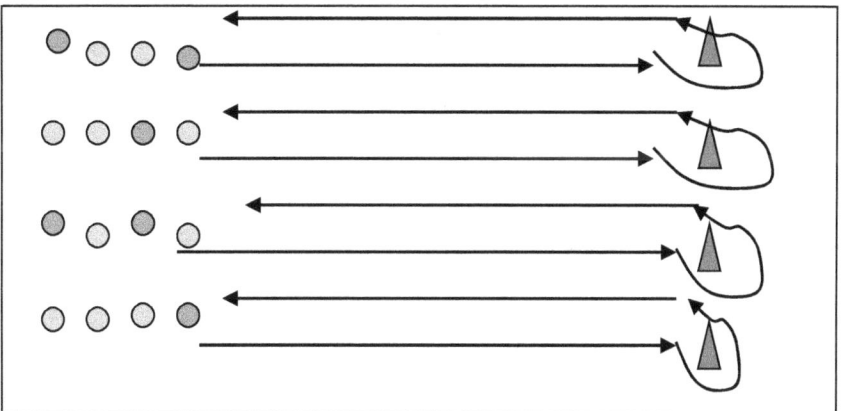

GRÁFICO 4. Organización en sub-grupos coloquiales para realizar juegos cooperativos.

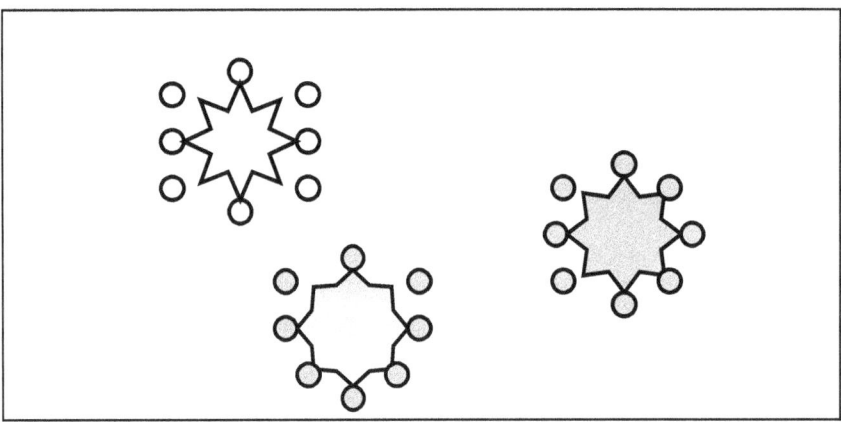

GRÁFICO 5. Organización global de todo el grupo para un juego con paracaídas o soga gigante.

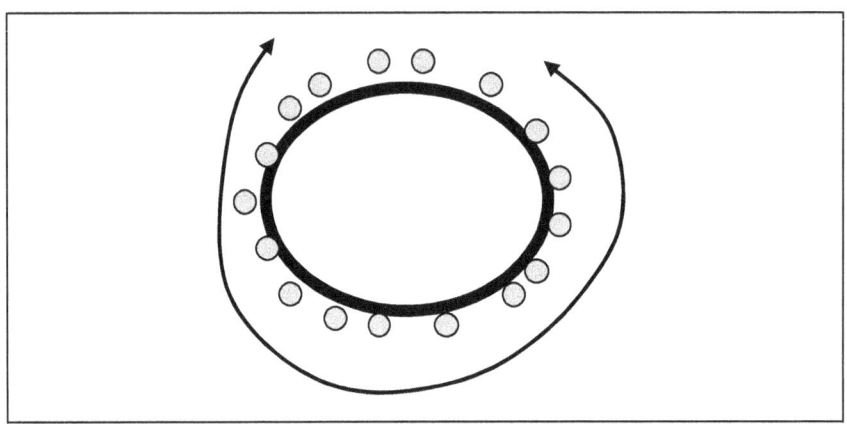

GRÁFICO 6. Relaciones trabajo-pausa.

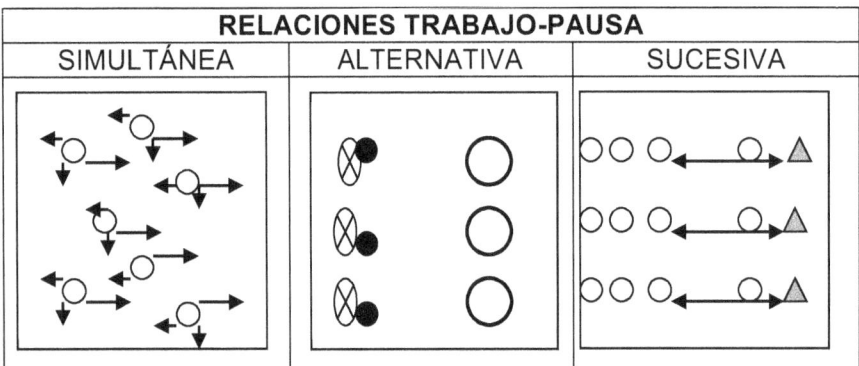

GRÁFICOS *7-13. Ejemplos de organizaciones "tipo" formal: dos filas, en despliegue, fila simple... a emplear en coreografías y similares.*

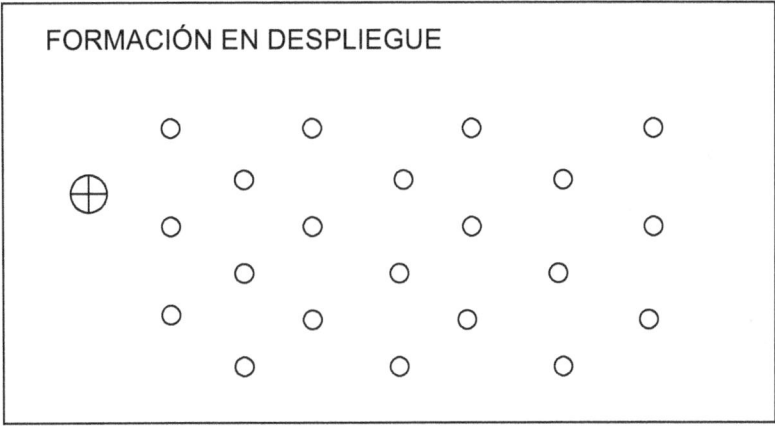

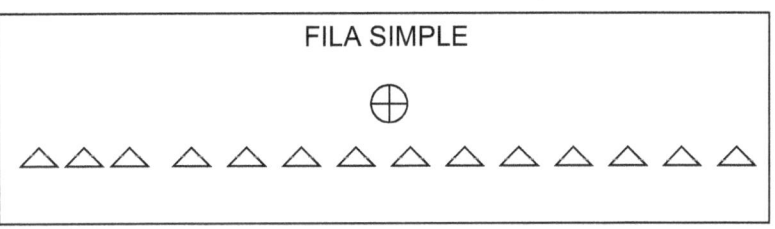

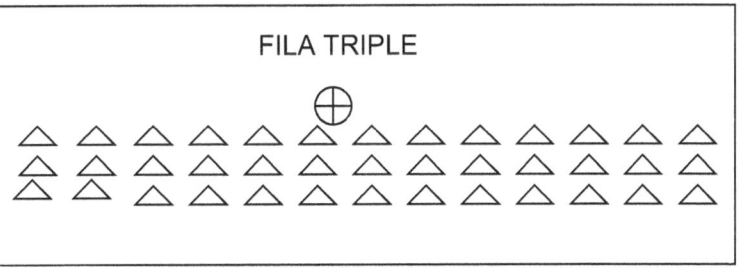

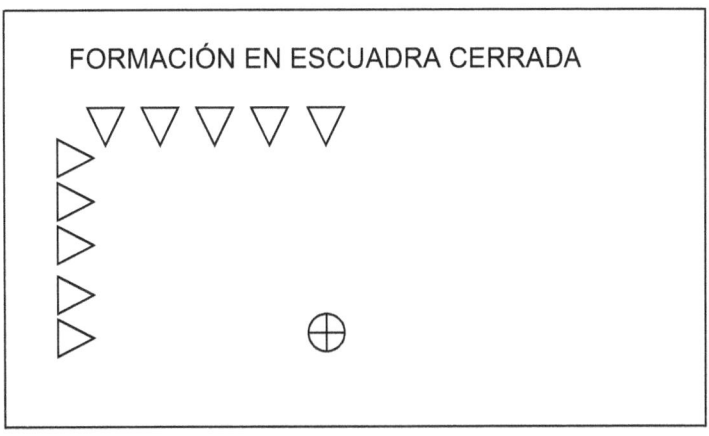

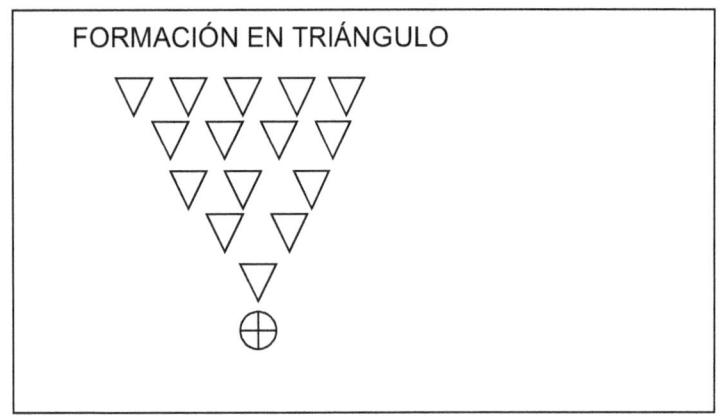

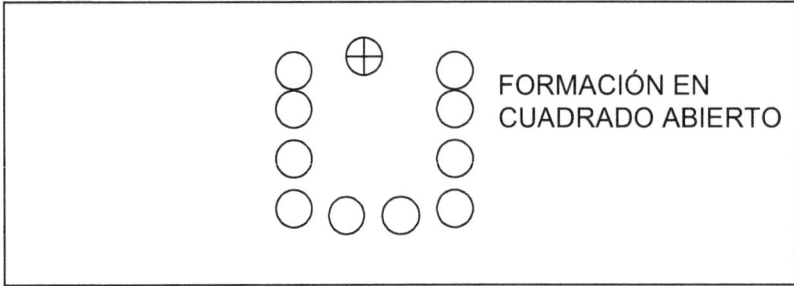

GRÁFICO 14. *Ejemplos de organización de tipo semi formal: circuito.*

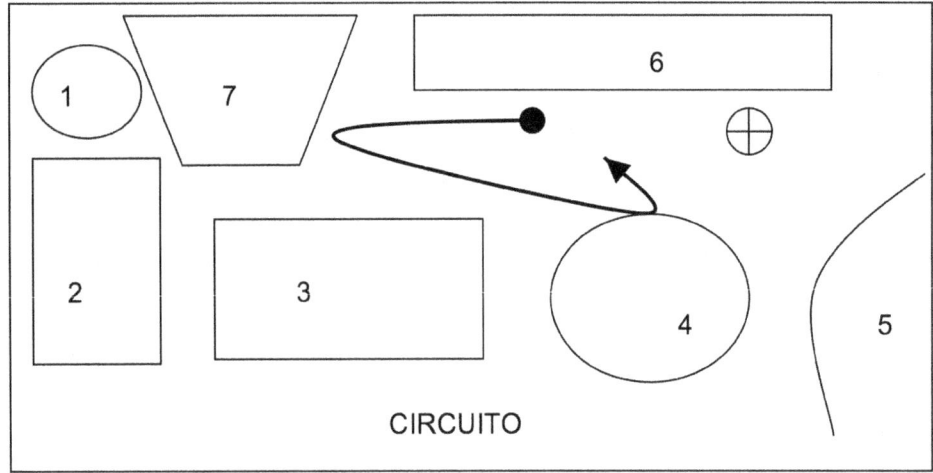

GRÁFICO 15. *Ejemplos de organización de tipo informal.*

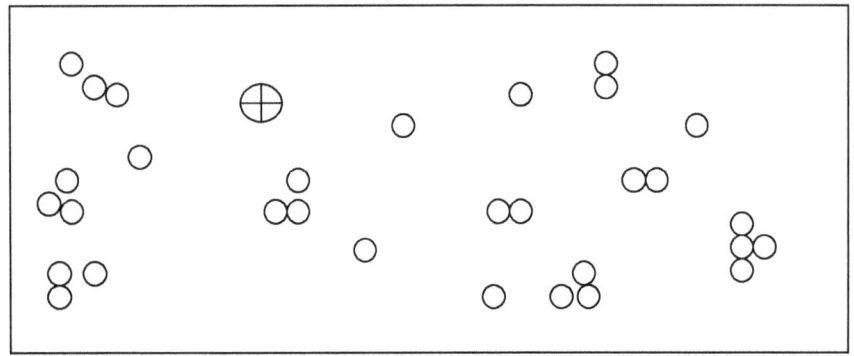

GRÁFICO 16. *Ejemplos de posiciones del docente con respecto al grupo.*

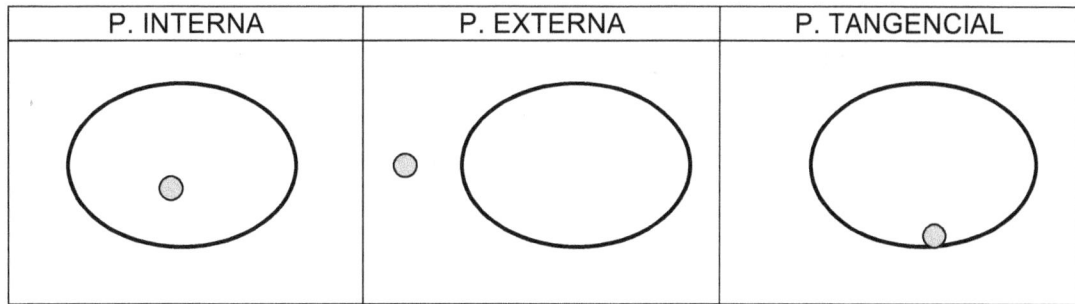

- **Contextos o ámbitos y escenarios**. Explicamos ahora de qué lugares vamos a valernos para impartir la docencia en la UDI elegida, incluyendo algún ejemplo que lo ratifique. Los justificamos y, si nos da lugar, aportamos un Anexo con foto o gráfico. Citar al Tribunal la O. ECD/65/2015; O. 17/03/2015.

EJEMPLO DE ANEXO A ENSEÑAR O MENCIONAR

Serían válidas fotos reales de las zonas del centro o externas, donde vayamos a trabajar la UDI. Al mismo tiempo que las mostramos al Tribunal, indicamos ejemplos concretos y en qué sesiones lo tenemos previsto tratar.

- **Recursos**. Los detallamos y, si nos permiten la opción, los mostramos al Tribunal, incluso si son elaborados por los alumnos: botes, pompones, póster, cuadernos, etc. También es factible resaltar sus características. Por ejemplo, "*los recursos que hemos elegido no suponen peligro porque...; tampoco los podemos considerar sexistas porque...*" Otra posibilidad es comentar que los recursos que usamos en la UDI son multifuncionales. Por ejemplo, "*el cono de plástico lo podemos usar en la 1ª sesión para saltar y aplicarlo a los juegos de relevos. En la 2ª los utilizamos para señalar recorridos en zig-zag...*" No olvidemos que en muchas ocasiones el "producto social relevante" son los objetos construidos por el propio alumnado durante las sesiones de la UDI, como "maracas" para trabajar el ritmo. Deben adaptarse a la diversidad del grupo. Citar al Tribunal la O. ECD/65/2015, Anexo II; O. 17/03/2015.

EJEMPLO DE ANEXO A ENSEÑAR O MENCIONAR

Unos anexos muy apropiados son fotos de pantalla de varios de estos recursos, sobre todo si son novedosos por tratarse de Apps y portales o plataformas didácticas.

También son muy adecuadas fotos de recursos fabricados por los propios alumnos indicando que son similares a los previstos realizar en la sesión "X".

- **Temporalización**. Podemos emplear unos segundos en glosar los rasgos más característicos de cada una de las sesiones añadiendo el objetivo, recurso material o espacial a emplear y la organización grupal a usar. Por ejemplo, "*sesión nº 3: coordinación general en parejas con el uso de aros*". También podemos razonar el número de sesiones... "*que es similar en todas las UDI debido a...*" No olvidar citar en la 1ª sesión a la "**evaluación inicial**" (competencia curricular previa), por ejemplo, "*con un barrido visual cuando están haciendo...*" Lo mismo podemos decir en la última sesión acerca de la "**evaluación** de la **UDI**", como observar en la realización de juego "x" si logran un nivel aceptable de los objetivos propuestos, para ir rellenando la rúbrica. Ahora bien, ni en la primera sesión ni en la última debemos hacer únicamente la evaluación, sobre todo si el número de las mismas es muy corto. Citar al Tribunal R.D. 126/2014; O. ECD/65/2015, ANEXO II; D. 97/2015; O. 17/03/2015 (CEJA).

EJEMPLO DE ANEXO A ENSEÑAR O MENCIONAR

Una de las formas de plasmar gráficamente en la pizarra (cuidado con el tiempo que nos lleva), o bien llevarlo preparado como Anexo, es organizar las sesiones de la UDI en una tabla simple.

D) VALORACIÓN DE LO APRENDIDO: Explicamos la forma concreta de llevarla a cabo en esta UDI. Ahora empezamos a detallar todos los apartados de la evaluación sin olvidarnos de ninguno. Gran parte de lo que vamos a decir viene recogido en la legislación. Comentar, y mostrar si nos dejaron entregarlas en el acto de presentación, las fichas de seguimiento, lista de control, rúbricas, etc. No debemos olvidarnos de las **Apps**, si las sabemos usar, dada la novedad que representan. Por ejemplo, **Kahoot; Plickers; Socrative; Blicker** son herramientas muy usadas en la evaluación diagnóstica y formativa.

EJEMPLO DE ANEXO A ENSEÑAR O MENCIONAR

Una foto que muestre el uso aplicado que hacemos de estas Apps. Con algún comentario y ejemplo concreto que lo corrobore.

- **Estándares de aprendizaje evaluables relacionados con los criterios de evaluación y objetivos**. Citar y, si tenemos tiempo, comentar los estándares a aplicar que hemos destacado en la UDI. Sería de utilidad adaptarlos a algún juego concreto comentado profusa y anteriormente en la Transposición Didáctica. No obstante, también es correcto manifestar cómo los estándares especifican los criterios y como ambos se relacionan con los objetivos. Recordar al Tribunal la legislación sobre evaluación: el R.D. 126/2014; la O. 17/03/2015 y la O. 04/11/2015.

EJEMPLO DE ANEXO A ENSEÑAR O MENCIONAR

El más apropiado sería un gráfico que relacione un ejemplo de estándar de aprendizaje con el criterio / objetivo / actividad o ejercicio concreto.

- **Indicadores de logro**. Explicamos al Tribunal cómo los establecemos, es decir, concretando el estándar oficial, aunque teniendo en cuenta el principio de atención a la diversidad, como nos indica la legislación a nivel ministerial: O. ECD 65/2015. Otra opción es limitarnos, simplemente, a relacionar los propios de los **textos legislativos** o a comentar algunos conectándolos con los objetivos. Al estar interrelacionado el indicador con la competencia, podemos tratar algo de ésta.

Debemos ya matizar la herramienta más habitual para aplicarlo y que vemos en el siguiente punto: las rúbricas. Citar también la O. 17/03/2015.

EJEMPLO DE ANEXO A ENSEÑAR O MENCIONAR

Lo que acabamos de indicar lo podemos complementar con un gráfico como el que más abajo adjuntamos, a mostrar como apoyo durante nuestra explicación.

GRÁFICO. *La concreción del criterio en estándar e indicador de logro.*

- **Rúbricas o Matrices de Evaluación para valorar el aprendizaje**. En cuanto a los instrumentos, debemos especificar las herramientas usadas en la evaluación: **rúbricas**, lista de control, fichas, etc. Esto da lugar a explicar alguna **actividad de evaluación**, que ya vendrá citada en el punto anterior sobre los indicadores. Por ejemplo, *"para evaluar el aprendizaje del salto en profundidad y su coordinación vamos a realizar el trisalto... Consiste en... y nos fijaremos en..."* Podemos aportar algún trabajo realizado para que lo vean los miembros del Tribunal, si nos lo permiten, como puede ser alguno relacionado con las App. El **iDoceo** es un cuaderno tradicional de notas para iPad. **CoRubrics** sirve para que el profesor genere y evalúe a su alumnado con una rúbrica y también para que los alumnos se evalúen entre ellos con una rúbrica. Otras aplicaciones son: **Assessmate, RubiStar; Additio App; Erubric**; etc. Mencionar al Tribunal la O. 17/03/2015.

EJEMPLO DE ANEXO A ENSEÑAR O MENCIONAR

Podemos acompañar nuestra exposición de este punto con algún documento gráfico para que el Tribunal vea las pantallas de inicio de estas Apps o rúbricas que tenemos pensadas usar en la sesión de evaluación. Tres ejemplos de éstas, son:

TABLA: *Rúbrica sobre el aprendizaje de la habilidad específica del bote en Mini Basket, tiro de personal y actitud en clase.*

RÚBRICA SOBRE HABILIDADES EN MINI BASKET				
	EXCELENTE	**BUENO**	**MÍNIMO**	**NO LOGRO**
REALIZAR BOTE EN ZIG-ZAG	Coordinado, velocidad y una y otra mano	Coordinado y uso de una y otra mano	Una y otra mano, pero muy despacio	Descoordinado, se le escapa balón
LANZAMIENTO DE CINCO TIROS PERSONAL	Muy técnico. Encesta 4-5 veces	Anota de vez en cuando. Detalles de inhabilidad.	Anota una vez. Lanza con dos manos.	No anota. Descoordina. Tira "pedrada".
ACTITUDES EN CLASE	Atento y participativo	Casi siempre atento y participativo	A veces despistado. Una vez llamo atención	Descentrado. En muchas ocasiones llamar atención.

TABLA: *Rúbrica* para evaluar el uso de las TIC en la UDI de juegos populares.

USO DE LAS TIC PARA INVESTIGAR JUEGOS POPULARES				
Indicadores (objetivos)	Grados de dominio adquirido			
	1	2	3	4
Utiliza las TIC para descubrir juegos populares de la región.	Es incapaz de utilizar las TIC	Utiliza las TIC de forma guiada	Utiliza las TIC de forma autónoma	Utiliza las TIC de forma autónoma usando diferentes herramientas en función del objeto de la búsqueda

TABLA: *Rúbrica* a usar como instrumento de evaluación ante un juego dramático.

RÚBRICA A USAR COMO INSTRUMENTO O HERRAMIENTA EN LA EVALUACIÓN DE UN JUEGO DRAMÁTICO				
INDICADORES DE LOGRO	EXCELENTE	BUENO	MÍNIMO	NO LOGRO
TÍTULO DEL JUEGO ELEGIDO	Muy original, adecuado y creativo	Original, adecuado y con cierta creatividad	Poco original, y creativo	Ni original, ni creativo, además de inadecuado
INTERPRETACIÓN DEL GUIÓN	Expresan muy bien lo previsto en el guión previo	Expresan bien lo previsto en el guión previo	Poco expresivo el guión a representar	Lo realizado no expresa lo previsto en el guión previo
DECORADOS Y VESTUARIO	Muy adecuados. Concuerdan con la temática desarrollada	Adecuados. Concuerdan con la temática desarrollada	Son relativamente adecuados. Poca relación con la temática del juego	Inadecuados. No se corresponden con la idea del juego dramático

- **Criterios de calificación**. Nombramos a los habituales y estandarizados con algún ejemplo: Insuficiente; Suficiente; Bien; Notable; Sobresaliente. Citar como legislación el R.D. 126/2014 y la O. 17/03/2015.

> **EJEMPLO DE ANEXO A ENSEÑAR O MENCIONAR**
>
> Es interesante ayudar nuestra exposición con un gráfico donde aparezca un alumno/a realizando una habilidad de la UDI con varios niveles de resultado y así justificar los criterios antes señalados.

- **Evaluación de la práctica docente (la acción didáctica)**. Debemos señalar cómo vamos a evaluar nuestra propia práctica y qué instrumentos usamos y centrarnos en un elemento concreto porque no disponemos de más tiempo. Por ejemplo, detallamos la escala de estimación para la autoevaluación del docente, lista de control para la conducta del docente, escala de actitudes del docente y un análisis del cuaderno de sesiones o de las fichas de las sesiones de la UDI, etc. Señalar también si hacemos una autoevaluación o es el alumnado quien nos la hace. Citar, entre otros documentos legislativos, el R. D. 126/2014.

> **EJEMPLO DE ANEXO A ENSEÑAR O MENCIONAR**
>
> Al mismo tiempo que explicamos la evaluación que vamos a aplicar y la herramienta, enseñamos ésta como anexo para que nos apoye el discurso.

- **Autoevaluación de la UDI.** Es nuestra propia evaluación de la UDI que hemos hecho, de cómo nos ha salido, para corregir los fallos y mejorar así nuestra calidad docente. Podemos comentar al Tribunal varios de los ítems que, al menos en "teoría", nos debemos plantear.

> **EJEMPLO DE ANEXO A ENSEÑAR O MENCIONAR**
>
> Al mismo tiempo que explicamos algunos de sus ítems, enseñamos al Tribunal una ficha-tipo como la que adjuntamos abajo, pero ajustada a las necesidades de nuestro alumnado.

En **resumen**, sería bueno **recalcar** al Tribunal que:

- Los instrumentos de evaluación previstos nos permiten obtener información suficiente para valorar adecuadamente todos los criterios de evaluación y objetivos didácticos establecidos.
- Hemos señalado procedimientos e instrumentos adecuados para evaluar tanto la práctica docente como el proceso de aprendizaje del alumnado.
- Hemos previsto mecanismos adecuados para dar información continua al alumnado, profesorado y padres/madres.
- Hemos tenido en cuenta algunas **actividades de evaluación previa** (nivel de competencia curricular previa) y de **recuperación**, como unas fichas, por si algún alumno/a no alcanza el resultado pronosticado.

- **Coevaluación.** La coevaluación grupal es la que se realiza entre los propios miembros del grupo. La evaluación del colectivo que produce cooperativamente, por ejemplo el que hemos formado para la realización práctica de la tarea (P.S.R.) -entre otros trabajos-, la efectuamos a través de un cuestionario con pautas de evaluación grupal. Explicamos una ficha con los ítems que más nos interesen para la UDI a exponer al Tribunal. Citar el R.D. 126/2014; la O. 17/03/2015 y la O. 04/11/2015.

> **EJEMPLO DE ANEXO A ENSEÑAR O MENCIONAR**
>
> Al mismo tiempo que explicamos algunos de sus ítems, enseñamos al Tribunal una ficha-tipo ajustada a nuestras necesidades.

E) COLABORACIÓN CON LAS FAMILIAS. Explicamos cómo hemos tratado la comunicación con las familias durante el desarrollo de la UDI. Si hemos contactado vía telemática ("iPasen", que es versión para móviles y tabletas del "Pasen", etc.), o personalmente en entrevistas formales (tutorías); informales (entrada/salida del centro). Citar el R.D. 126/2014, el D. 97/2015 y la O. 17/03/2015.

> **EJEMPLO DE ANEXO A ENSEÑAR O MENCIONAR**
>
> Al mismo tiempo que explicamos algunos de los puntos arriba comentados, enseñamos al Tribunal una copia de la APPS usada para reforzar gráficamente nuestra exposición oral.

F) FINAL

- **Conclusiones**.
    - Para finalizar debemos decir, a modo de cierre, unos detalles de los aspectos más significativos comentados con anterioridad. Podemos auxiliarnos del gráfico que hemos dejado en la pizarra para apostillar los aspectos más importantes tratados.
    - Si antes no hemos tratado la "**tarea finalizada**", podemos hacerlo ahora.
    - Sería bueno **recalcar** que las propuestas que hemos expuesto "*son realizables, realistas y se adecuan al nivel que planteamos, porque conocemos la realidad escolar y los elementos que la configuran*".
    - Podemos repasar, a modo de resumen, el gráfico expuesto en la pizarra, **resaltando** los apartados más importantes: "*empezamos justificando la necesidad de estructurar la UDI, a continuación establecimos las relaciones entre la UDI y las demás, el marco legislativo donde se ubica y hemos tratado por igual los cuatro apartados siguientes, aunque resaltando la parte destinada a la atención a la diversidad y las tarea/actividad/ejercicio, culminando con el proceso de evaluación, sin olvidarnos de la colaboración con la familia*".

- **Bibliografía y otras fuentes documentales**.
    - Por último, comentar la bibliografía, uno o dos volúmenes prácticos conocidos y de reciente edición, y webgrafía, así como **agradecer** al Tribunal la atención prestada.
    - Un anexo interesante es enseñarle la fotocopia de la portada de las publicaciones consultadas (bibliografía y legislación).

SESIÓN-MODELO

- ¿Nos dará tiempo a plantear una **sesión** de la Unidad?
- ¿La teníamos prevista?
- ¿Se lo dijimos al Tribunal antes de empezar?
- En este caso, ojo con el **tiempo** disponible porque no es correcto no poderla completar por haberlo consumido.
- En todo caso, deberíamos detallarla con todos sus pormenores y tener en cuenta que el Tribunal no la va a tener por delante en el trabajo entregado sobre la Programación Didáctica.
- Por ello, podríamos llevarnos un juego de fotocopias para entregarles un esquema de la misma. (Ver el ejemplo del gráfico de sesión -número 3- que mostramos más adelante).

Tras la exposición de la Unidad Didáctica Integrada, **empezaría el Debate**. Éste ha estado presente en muchas ocasiones, aunque en otras tantas la **convocatoria no lo referenciaba**.

Viene a durar unos diez minutos. Normalmente el Tribunal decide cómo actuar de forma habitual, es decir, si hacen una única pregunta al opositor, si no preguntan nada o lo hacen libremente, etc. De ahí la importancia de acudir los primeros días a las exposiciones que se celebren para conocer cómo obra el Tribunal.

Nos relajamos, bebemos agua y esperamos a las posibles preguntas. Antes de responder, debemos pensar bien, es viable que nos pongan a prueba con alguna pregunta de tipo "pega". No nos lanzamos a dar la respuesta pensando que mientras antes respondamos más nota nos van a poner. Si no estamos seguro de lo quieren, pedimos que nos repitan la pregunta para aclararnos determinados aspectos de la misma. Otras veces lo que pretenden es aclarar dudas o conocer mejor alguna **experiencia** que hayamos expuesto y le interesen.

Muchas veces hemos presenciado exposiciones orales de UDI donde la persona opositora narraba sus experiencias con algún A.N.E.A.E., con algún Proyecto de Innovación educativa o cómo proceder con grupos "difíciles". Algunos miembros del Tribunal que han tenido experiencias similares, **empatizan** con el opositor y sienten curiosidad por las estrategias seguidas, de ahí que pregunten con cierta profundidad.

En cualquier caso, es mejor responder con **seguridad** y, preferentemente, haciendo referencia al R.D. 126/2014, D. 97/2015, O. 17/03/2015, O. ECD 65/2015, Ley 17/2007 o algún autor concreto.

Cuando el Tribunal nos indique que todo ha terminado, nos despedimos dando las gracias por las atenciones recibidas, etc.

c) Momentos post-activos.-

Hemos terminado ya con la defensa de la Programación y con la exposición oral de la UDI elegida.

¿Y ahora qué? Pues lo primero es relajarnos y realizarnos una **autoevaluación** cuanto antes por tener la exposición muy reciente. ¿Cómo lo he hecho? ¿En qué creo que he fallado y por qué? ¿Mi amigo estuvo presente y me puede servir de ayuda para **analizarme** y tener una idea de la posible nota, comparándome con lo realizado por los demás?

2.3. OTRAS INDICACIONES SOBRE CÓMO REALIZAR LA EXPOSICIÓN DE LA UDI EN EL EXAMEN ORAL.

Realmente estamos totalmente limitados por lo único objetivo que hay en este tipo de oposición: el **tiempo**. Por lo tanto, éste nos condicionará en todo momento.

El llamado "miedo escénico" en el examen oral de una oposición se produce cuando la persona opositora no ha expuesto un número suficiente de veces durante su preparación. Es decir, tiene un "entrenamiento" deficiente y a la hora de la verdad, no rinde y desfallece.

En este sentido, durante el tiempo que los autores llevamos preparando a opositores hemos tenido experiencias de todo tipo. A veces nos han llegado chicas y chicos que nos confesaban "nunca he salido ni escrito en la pizarra" o "nunca he hablado en público excepto en la exposición del TFG". Otros, en cambio, aún teniendo experiencias previas, la exposición oral les ha supuesto tal estado de nervios que se les ha olvidado un porcentaje muy alto de contenidos a defender o exponer.

El mejor remedio para subsanarlo es la **práctica** y más práctica **dirigida**, **metódica** y, a ser posible, progresiva y sistematizada. Es decir, emplear cada día un poco más de tiempo y de contenido en la exposición para ir tomando confianza. El guión, si la Convocatoria o el Tribunal lo **permite**, es un buen recurso, lo mismo que tener agua a mano y dar un sorbo mientras mentalmente "ajustamos" la situación.

No podemos olvidar que el objetivo de esta prueba es, precisamente, que el Tribunal compruebe que la persona candidata sepa **hablar en público**, tenga habilidades verbales y expresivas, así como conocimiento práctico suficiente que le permita "enfrentarse" con garantías ante sus futuros alumnos y alumnas.

Por todo ello, entendemos, que la **práctica de preparación** es fundamental máxime si, como sabemos, una décima de punto supone sacar o no plaza.

El croquis final que debe quedarnos en la pizarra, si la usamos, es lo que denominamos nuestra "**huella expositiva**". Debe ser muy claro y concreto porque no se trata de escribir lo que, al mismo tiempo, vamos diciendo porque duplicaríamos la información, además de consumir un porcentaje muy significativo de tiempo en ello; es un modo de apoyar nuestro discurso porque, no olvidemos, es una prueba oral.

La experiencia y las opiniones que hemos tenido de los tribunales nos dice la importancia de nombrar **autores** y **legislación** en los puntos que tratemos. Pero, ante todo, que el Tribunal nos **entienda** el **mensaje oral** que le transmitimos.

2.4. LOS ESQUEMAS DE APOYO.

Ahora vemos **cinco esquemas**, ya citados en páginas anteriores, a plasmar en la pizarra que nos sirven de apoyo para la exposición oral de la Unidad Didáctica Integrada y que son perfectamente válidos para llevarlos como **guión** en formato papel o como presentación multimedia, si nos permitieran.

Los aportamos como ejemplos de los que podemos diseñar. Nuestros preparados se han sentido siempre muy seguros con ellos porque se adaptan a la capacidad de expresión de cada uno, si bien es preciso **individualizarlos** para adecuarlo a las características de cada persona opositora.

Podemos **introducir** cualquiera de los esquemas comentando que "*las distintas planificaciones curriculares tienen un tercer nivel de concreción en las Unidades Didácticas Integradas. El modelo que seguimos en su dinámica para el desarrollo es el siguiente…*"

También podemos argumentar que "*el conjunto de las UDI, como sabemos, conforman las Programaciones Didácticas, y constituyen el documento donde se concretan, principalmente, los criterios de evaluación, competencias, contenidos, objetivos, tareas / actividades / ejercicios, atención alumnos con necesidades específicas de apoyo educativo, metodología, recursos y temporalización para un período determinado de enseñanza y para una serie de conceptos*".

En cada esquema, debemos **escribir** en la **pizarra** los apartados que recogemos en letras **mayúsculas** y los que expresamos en **minúsculas con negrita**. El resto de texto son posibles **argumentos** a usar.

Primer esquema:

Lo hemos dividido en cinco apartados. En letras **mayúsculas** y en **minúsculas en negrita** hemos destacado los epígrafes a **escribir** en la pizarra/procesador de textos y en letras **minúsculas**, damos una serie de **argumentos/ideas** a exponer, observaciones y consejos, sin perjuicio de lo expresado antes en el punto de "Momentos Interactivos".

Dada la distribución del gráfico, es más apropiado para exponer en pizarras donde predomine significativamente la longitud sobre su altura.

Segundo esquema:

Parecido al primero, pero la seriación de apartados a comentar la hacemos de forma circular, en sentido contrario a las agujas del reloj. Es más adecuado para plasmarlo sobre pizarras más cuadradas. Este gráfico nos permite insistir más con actividades y ejercicios.

Tercer esquema (sesión):

Destinado, preferiblemente, a explicar una **sesión** de la UDI, si nos decidimos a ello, pero teniendo muy en cuenta el **tiempo disponible**. El tercio izquierdo del encerado lo dedicamos a los apartados de la sesión, dejando el resto del espacio para realizar los gráficos de los juegos, organización grupal, etc. de las tres partes de la sesión.

Cuarto esquema:

Este diseño lo hemos pensado para que el opositor resalte unas muestras de las actividades lúdicas que va a realizar durante las sesiones de la Unidad y, de esa manera, demuestra al Tribunal sus relaciones con los objetivos y competencias a conseguir durante la misma, habida cuenta el espacio que le hemos destinado a aquéllas en el gráfico. Lógicamente, debemos planificar muy bien el **tiempo** destinado a los ejemplos de juegos a realizar durante cada una de las tres partes. Así pues, no se trata de explicar una sesión, sino ejemplos de juegos que vamos a realizar **durante** las **sesiones** de la Unidad, divididas en las tres partes en que tradicionalmente consta una clase habitual. De Animación podemos indicar dos o tres, pero argumentando que van destinados a lograr que el grupo "despierte" desde un punto de vista físico (aumento de la frecuencia cardiorrespiratoria) y psíquico. De la P. Principal, sobre cinco o seis juegos **relacionándolos** específicamente con los objetivos, competencias y criterios de evaluación. Para la última parte podemos exponer otros dos o tres juegos relajatorios, insistiendo en su carácter normalizador o calmante físico y psíquico.

Quinto esquema:

Prioriza en sus laterales la bibliografía y legislación consultada. En la parte central de la pizarra vamos desglosando las cinco partes de la UDI, especialmente la destinada a tareas, actividades y ejercicios.

NOTA: No olvidemos que podemos llevarnos un juego de fotocopias (cinco ejemplares) para entregarles un esquema de la misma a cada miembro del tribunal.

Primer esquema

UNIDAD DIDÁCTICA INTEGRADA Nº ___: "Xxxxxxxx xxxxxxxx xxxxxxx"

A) PRESENTACIÓN. INTRODUCCIÓN Y JUSTIFICACIÓN.

- **Importancia** de la UDI. Por qué la he escogido en sorteo.
- **Ubicación** en la Programación.
- Relación y ejemplos con legislación.
- Ídem con otras UDI.
- Qué tarea integrada vamos a realizar.

B) CONCRECIÓN CURRICULAR

- **Criterio/s de evaluación:**
- **Objetivo/s de Etapa y del Área de E. F.**
- **Objetivos de otras áreas:**
  * Lengua:
  * Matemáticas:
  * CC. de la Naturaleza:
- **Objetivos de Andalucía**
- **Objetivos didácticos.** Su vinculación con Indicadores y con las CC. Clave. Comentarios agrupados. Justificarlos por edad/nivel aprendizaje
- **Contenidos.** Globalizados, secuenciación.
- **Contenidos de Andalucía**
- **Elem. Transversales.** Justificarlos. Ejemplos para comprobar su relación.
- **CC. Clave** que vamos a tratar. Justificación y ejemplos.

C) TRANSPOSICIÓN DIDÁCTICA

- **Tarea.** Explicación profusa. Los pasos a seguir para su realización.
- **Actividades.** Justificar las que vamos a realizar. Gradación.
- **Ejercicios.** Explicación muy profusa y detallada, inclusive con datos de metodología, organización, relación trabajo-pausa, etc. Gradación.
- Justificarlas en función de edad/curso.
- "Vemos que conectan con el objetivo/contenido..."
- Demostrar cómo se apoyan en los aprendizajes previos.
- "Vemos cómo al hacerlas incidimos en los contenidos de las Áreas... y el Elem. Transversal de..."
- "Ofertamos estas variantes para quienes tengan un ritmo inferior o superior..."
- Es muy interesante incluir gráficos.
- Comentar ejemplos de actividades adaptadas, animación, etc.
- Podemos aportar algún recurso: póster, móvil, cuaderno, etc.
- Todo muy "desmenuzado".
- No olvidar **lecto/escritura, verbalizaciones** y uso de las **TIC.**
- **Diversidad.** Ejercicios adaptados a la diversidad. Ejemplos justificados.
- **Producto social relevante.** Explicarlo con base en estos tres aspectos.
- **Procesos cognitivos.** Señalar el/los seguidos y poner ejemplos.
- **Metodología.** Concretarla a base de comentar aspectos generales: estilos, técnica de enseñanza, situación del docente-grupo, etc. Todo ello con ejemplos concretos.
- Individualización y cooperación del aprendizaje.
- **Agrupamientos.** Por qué usamos unos u otros. Ejemplos.
- **Contextos o ámbitos y escenarios.** Indicar alguno/s con ejemplos que lo justifiquen.
- **Recursos.** Los que vamos a usar, sus **tipos** y ejemplo.
- **Temporalización.** Señalamos las sesiones y características de cada.

D) VALORACIÓN DE LO APRENDIDO

- **Estándares de aprendizaje.** Justificarlos, provienen del criterio de evaluación del ciclo. Su relación con objetivos del Área de E. F.
- **Indicadores de logro.** Explicación detallada. Su relación con las CC. Clave.
- **Rúbricas.** Cómo las hemos elaborado y ejemplos concretos.
- **Criterios de calificación.** Relación de los que usamos.
- **Evaluación de nuestra práctica y de la UDI.** ¿Cómo vamos a realizar?
- **Autoevaluación y coevaluación.** Detallar lo realizado. Ejemplos.

E) COLABORACIÓN CON LAS FAMILIAS

Citamos algunos aspectos. Explicamos alguna peculiaridad: implicación, comunicación, colaboración, etc.
- **Fuentes usadas:** libros, web, legislación.
- **Presentación de la tarea terminada,** físicamente o en fotos.
- **Otros Anexos**

Segundo esquema

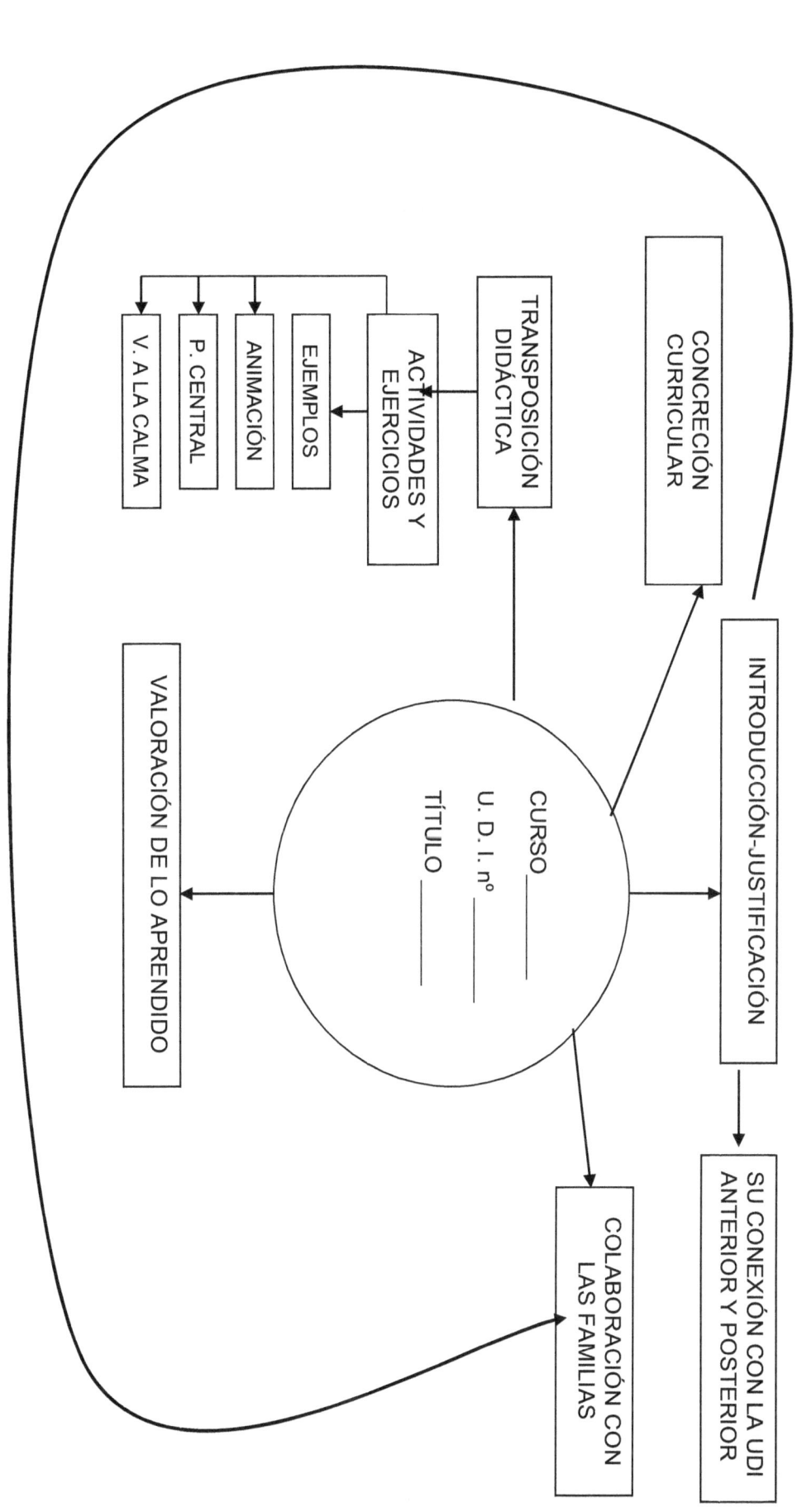

Tercer esquema (sesión)

1. NUMERACIÓN.
2. TÍTULO.
3. INTRODUCCIÓN Y JUSTIFICACIÓN.
4. VINCULACIÓN CON LAS CC. CLAVE
5. OBJETIVOS.
6. CONTENIDOS.
7. TAREAS/ACTIVIDADES/EJERCICIOS.
8. RELACIÓN CON LOS ELEMENTOS TRANSVERSALES Y OTRAS ÁREAS.
9. METODOLOGÍA. AGRUPAMIENTOS
10. RECURSOS.
11. ATENCIÓN A LA DIVERSIDAD.
12. TEMPORALIZACIÓN.
13. EVALUACIÓN.

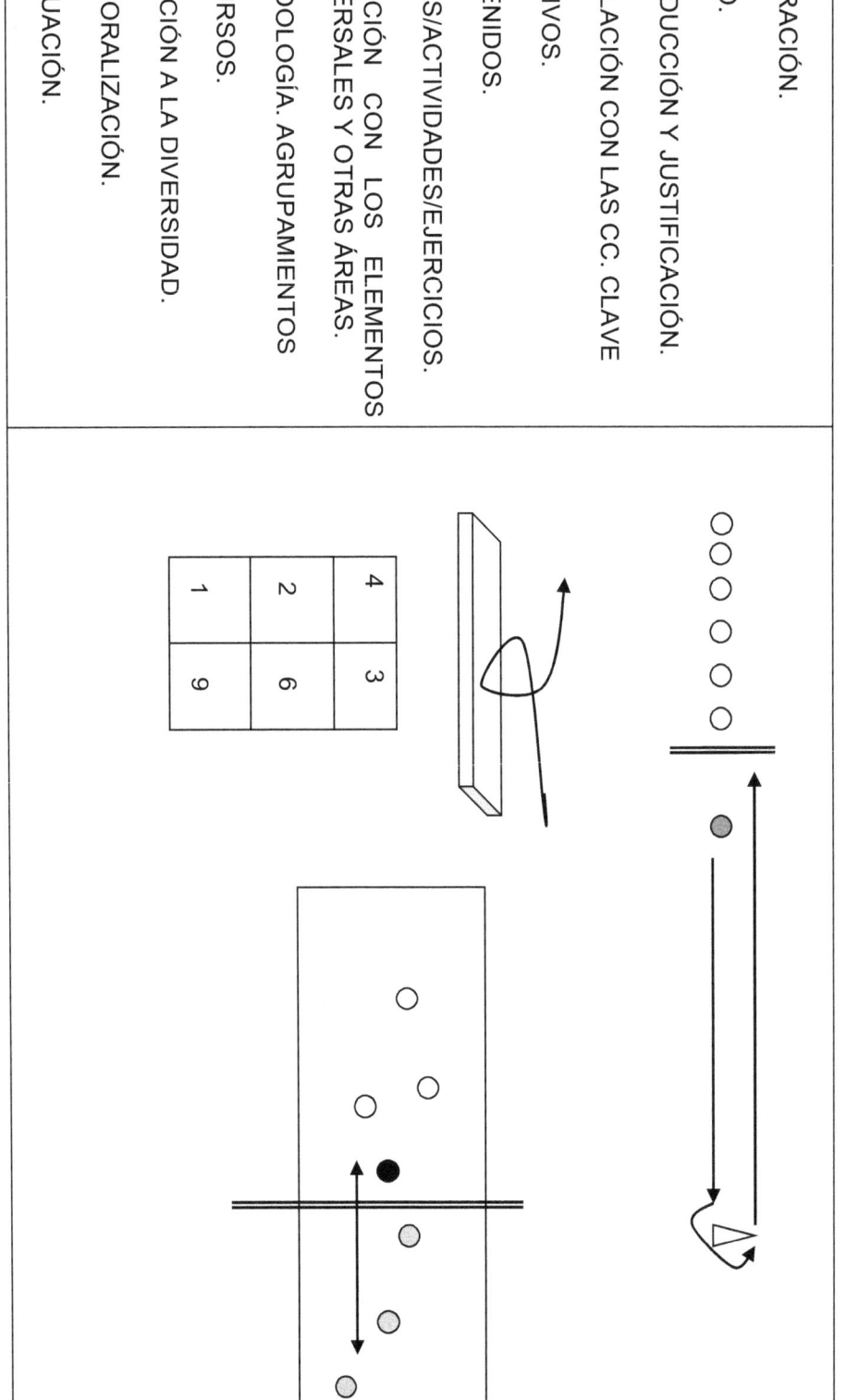

Cuarto esquema

CÓMO EXPONER LAS UNIDADES DIDÁCTICAS INTEGRADAS (UDI) EN EDUCACIÓN FÍSICA

NOMBRE DE LA U. D. I.: _____ Nº DE LA U. D. I.: _____

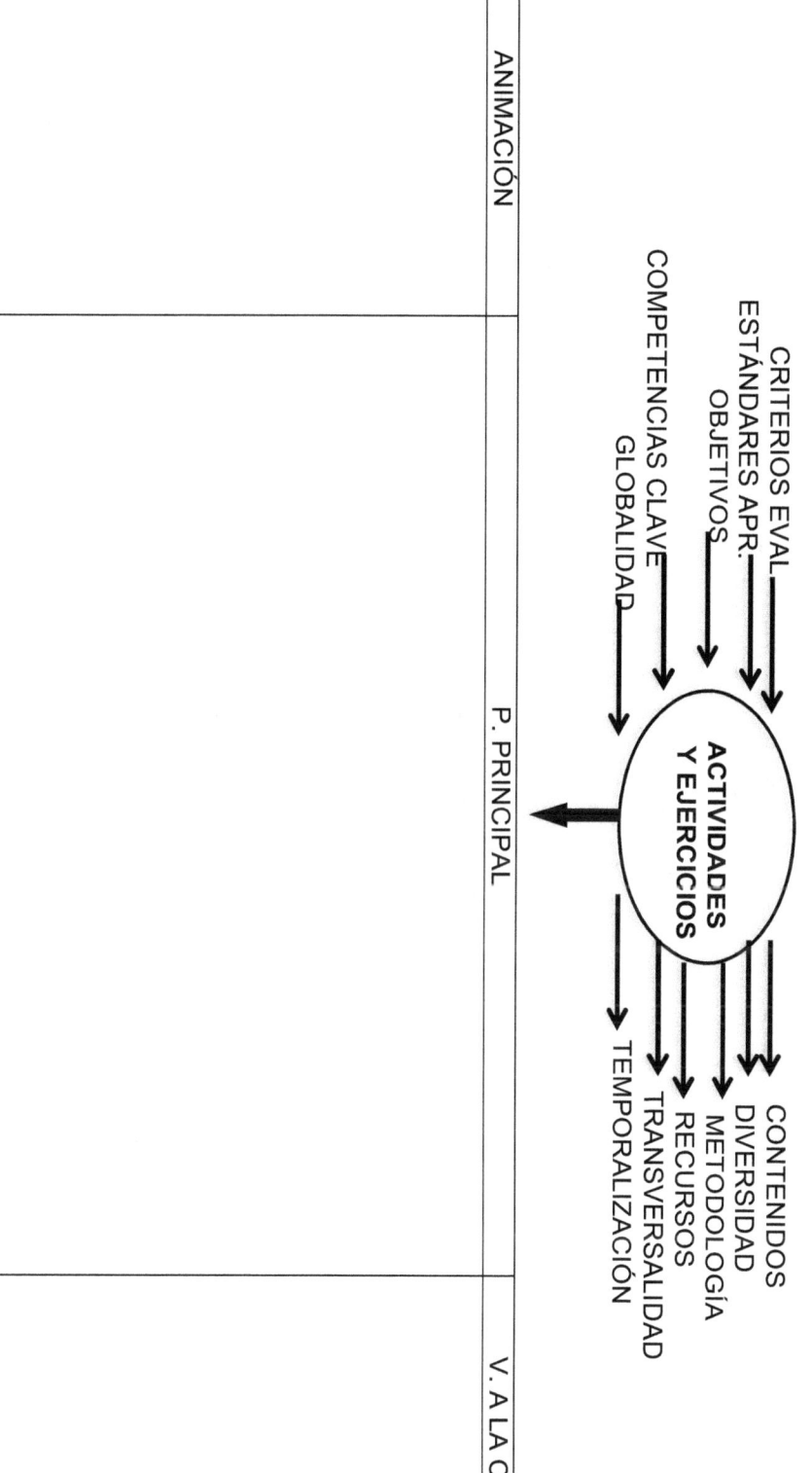

Quinto esquema

LEGISLACIÓN

R. D. 126/2014 (2017)
O. 17/03/2015

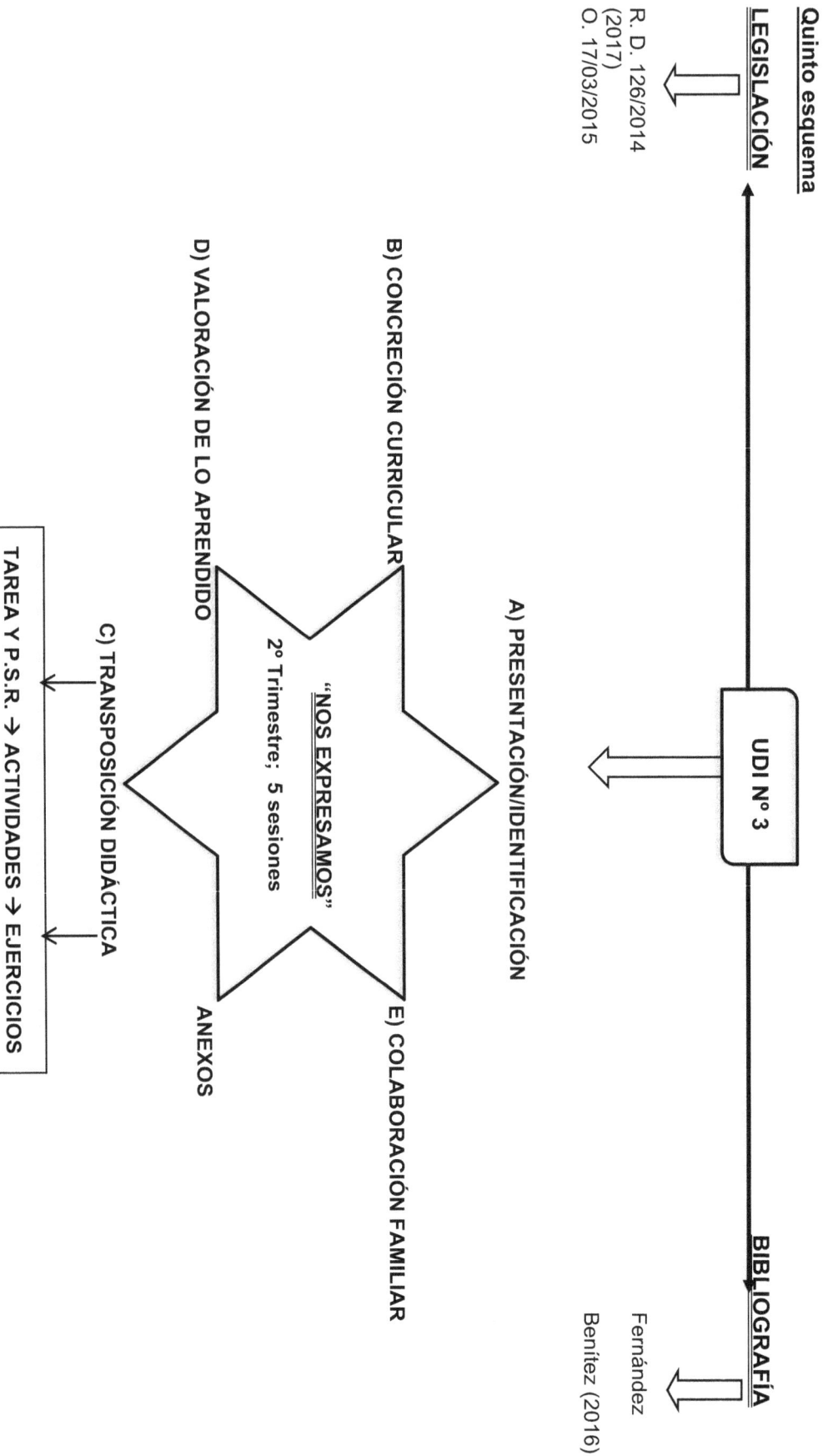

UDI Nº 3

"**NOS EXPRESAMOS**"
2º Trimestre; 5 sesiones

A) PRESENTACIÓN/IDENTIFICACIÓN
B) CONCRECIÓN CURRICULAR
C) TRANSPOSICIÓN DIDÁCTICA
D) VALORACIÓN DE LO APRENDIDO
E) COLABORACIÓN FAMILIAR
ANEXOS

TAREA Y P.S.R. → ACTIVIDADES → EJERCICIOS

BIBLIOGRAFÍA

Fernández Benítez (2016)

2.5. GUIÓN-TIPO DE EJEMPLOS DE ARGUMENTOS A USAR EN LA EXPOSICIÓN ORAL DE LA UDI.

Al comienzo del libro, concretamente en el punto 2, expusimos un estudio, basándonos en experiencias propias, donde los autores estimamos en unas **2500-2600 palabras** el volumen medio a tener presente para la exposición de la UDI.

Ahora, nos centrarnos en un **ejemplo** estándar de lo que podemos manifestar al Tribunal durante nuestra exposición oral, que tiene una duración máxima de 30 minutos, salvo indicación contraria en Convocatoria. También incluimos posibles anexos a presentar y ajustados a los contenidos de la UDI-modelo, además de continuas referencias a la **legislación** actual.

El opositor, si desea tener como referente nuestra aportación, deberá **adecuarla** a las UDI de su proyecto, sobre todo a su velocidad de alocución y al número de anexos a presentar y a los gráficos a dibujar en la pizarra. Toda puesta en escena lleva su tiempo, de ahí la necesidad de **ensayarla metódicamente** en múltiples ocasiones en condiciones similares a las del día de la prueba de la oposición.

Si bien el "discurso" con el que defendemos la Programación Didáctica nos tocará "sí o sí", en el caso de la UDI a exponer no siempre será así porque los contenidos de cada una de las quince -o la cantidad que exija la Convocatoria- presentadas variará.

Nos **basamos** para la realización de este ejemplo de guion estándar en el **modelo de UDI ya publicado** en el libro de esta misma editorial y autores: "Guía para la realización de las Unidades Didácticas Integradas", que a continuación recordamos:

A) PRESENTACIÓN/IDENTIFICACIÓN → TÍTULO UDI: SOMOS SALTARINES				
UDI	CICLO	NIVEL	TRIMESTRE	ÁREA
N° 6	2°	1°	1°	EDUCACIÓN FÍSICA
INTRODUCCIÓN/JUSTIFICACIÓN: Las edades de 2° ciclo son las más críticas para el aprendizaje de las habilidades y destrezas básicas. El contexto de aprendizaje es normal y nos aprovechamos de los aprendizajes perceptivos previos. Esta UDI también va ligada al área de LCL adquiriendo el vocabulario básico del tema trabajado, por ejemplo. Matemáticas (medidas y aspectos geométricos y numéricos). Está relacionada con el primer criterio de evaluación para el 2° ciclo y el Bloque de contenidos n° 1. Trabajaremos la integración y asimilación de las habilidades adquiridas, poniéndola en práctica en diversas situaciones lúdicas. La tarea integrada prevista es construir una maqueta a partir de mini vallas de diversas alturas con material de desecho (sorbetes de plástico).				
B) CONCRECIÓN CURRICULAR				
1. CRITERIO/S DE EVALUACIÓN. ED. FÍSICA: C.E.2.1. Integrar y resolver satisfactoriamente variadas situaciones motrices, utilizando las habilidades perceptivo-motrices y básicas más apropiadas para una eficaz solución. **C.E. LC y L.:** C.E.2.9.; **C.E. MAT.:** C.E.2.2.; **C.E. C.N.:** C.E.2.2.
2. OBJETIVOS DE LA ETAPA Y DEL ÁREA DE EDUCACIÓN FÍSICA PARA LA ETAPA, RELACIONADOS CON LA UDI: Etapa: K; Área: O.EF.1 y O.EF.2.
3. OBJETIVOS DE OTRAS ÁREAS/ASIGNATURAS: O.CN.3; O.LCL.2; O.MAT.8
4. OBJETIVOS DE ANDALUCÍA: c) Desarrollar actitudes críticas y hábitos relacionados con la salud y el consumo responsable.
5. OBJETIVOS DIDÁCTICOS. SU RELACIÓN CON LOS INDICADORES Y LAS CC. CLAVE. EF.2.1.1. Integrar y resolver satisfactoriamente variadas situaciones motrices; EF.2.1.2. Elegir las habilidades perceptivo-motrices y básicas más apropiadas para resolver de forma eficaz situaciones motrices. **RELACIONADOS CON LAS CC. CLAVE**: CAA; SIEP.
6. CONTENIDOS. 1.2. Descubrimiento progresivo a través de la exploración y experimentación de las capacidades perceptivas y su relación con el movimiento. 1.7. Control del cuerpo en situaciones de equilibrio y desequilibrio modificando la base de sustentación, los puntos de apoyo y la posición del centro de gravedad, en diferentes planos. 1.8. Estructuración y percepción espacio-temporal en acciones y situaciones de complejidad creciente. Apreciación de distancias, trayectorias y velocidad. Memorización de recorridos. Reconocimiento de la posición relativa de dos objetos. 1.9. Desarrollo de la autoestima y la confianza en uno mismo a través de la actividad física. Valoración y aceptación de la realidad corporal propia y de los demás. 1.11. Ajuste y utilización eficaz de los elementos fundamentales en las habilidades motrices básicas en medios y situaciones estables y conocidas.
7. ELEMENTOS TRANSVERSALES. Igualdad real y efectiva entre hombres y mujeres (coeducación); Tecnologías de la información y comunicación; Hábitos de vida saludable y deportiva.
8. COMPETENCIAS CLAVE DESARROLLADAS: la UDI supone una aportación formativa a las CC. Clave. **CAA:** Adquirir conciencia de las propias capacidades (físicas, intelectuales, emocionales), del proceso y las estrategias necesarias para desarrollarlas, así como de lo que se puede hacer por uno mismo y de lo que se puede hacer con ayuda de otras personas o recursos. Conocer sus potencialidades y carencias, sacando provecho de las primeras y teniendo motivación y voluntad para superar las segundas desde una expectativa de éxito. **SIEP:** Auto superación y actitud positiva en la organización actividades. Toma de decisiones autónoma. Construcción de móviles para juego. Elaboración de trabajos escritos a través de Internet. |||||
C) TRANSPOSICIÓN DIDÁCTICA:				
1. TAREA. Construcción de una maqueta de vallas en miniatura con material de desecho, como los sorbetes de refresco u otros materiales como alambres, tubos de plástico, botes y conos de cartón, etc.
2. ACTIVIDADES. Iniciamos con unas preguntas para la reflexión individual y posterior discusión, a partir de un conflicto cognitivo. Buscar información sobre los tipos de vallas en atletismo. Variantes de vallas de aprendizaje. Investigar cómo se pueden graduar en altura. Hacer vallas con otros materiales. Recopilar videos en Internet sobre la enseñanza de la carrera de vallas, la técnica de paso. Alturas de las vallas en función de la categoría de los participantes. Medir las |||||

distancias entre las vallas. Señalar los apoyos existentes entre valla y valla en el suelo.

3. EJERCICIOS: ¿Somos capaces de imaginarnos vallas en el espacio y correr para saltarlas? ¿Cómo es más fácil saltarlas? ¿Qué pie elige cada uno para saltar y atacar o pasar? Observamos a los demás para decidir quién lo hace mejor e imitarle. ¿cuántos pasos debemos dar para saltar entre las vallas? Nos auto marcamos el ritmo de carrera. ¿Cómo debemos poner los brazos al correr y saltar? Recorridos de carrera y saltos variados en altura y longitud. ¿Cómo debemos recepcionar tras el salto para no hacernos daño? ¿Cómo son los ejercicios de calentamiento específicos? En grupo, hacemos un test de carreras de vallas.

4. ATENCIÓN A LA DIVERSIDAD: Con el alumno que tiene principios de obesidad evitaremos saltos continuados, fomentando esfuerzos suaves con más pausas y daremos feedback de tipo afectivo y motivador, aunque también correctivo si fuese necesario.

5. PRODUCTO SOCIAL RELEVANTE: Exposición durante la semana antes de Navidad, en los pasillos de la primera planta del trabajo para que lo vea toda la Comunidad Educativa.

6. TIPOS DE PENSAMIENTO: P. Deliberativo: tomar la mejor opción de carrera y salto entre las posibles. P. Práctico porque buscamos que la acción a sea efectiva, económica y bien hecha para convertirlas en rutinarias con vista a aprendizaje superiores más complejos.

7. METODOLOGÍA: Individualizada, creadora, investigadora, cooperativa y significativa.

8. AGRUPAMIENTOS: Flexibles y variados: parejas en ejercicios; grupos pequeños en actividades basadas en problemas (A.B.P.); grupos coloquiales en trabajos cooperativos.

9. CONTEXTOS O ÁMBITOS Y ESCENARIOS: Ámbito escolar: gimnasio, aula de informática y de taller. Ámbito familiar: preguntas a familiares, uso del ordenador personal.

10. RECURSOS: Conos, cuerdas, alambre, tubo de goma, picas, fixo. Material de desecho: cartones, botes y sorbetes. Internet.

11. TEMPORALIZACIÓN: 1ª S.: Ev. Inicial. Presentación tarea. Construcción de vallas. Saltos. Datos para buscar información en Internet. 2ª S.: carreras y saltos. ¿cómo es más fácil? 3ª S.: construcción del P.S.R. Relevos. 4ª S.: Test de saltos. Evaluación: rúbricas y P.S.R.

D) VALORACIÓN DE LO APRENDIDO:

1. ESTÁNDARES DE APRENDIZAJE EVALUABLES RELACIONADOS CON LOS CRITERIOS DE EVALUACIÓN DE CICLO Y OBJETIVOS. STD. 1.1. Adapta los desplazamientos a diferentes tipos de entornos y de actividades físico deportivas y artístico expresivas ajustando su realización a los parámetros espacio-temporales y manteniendo el equilibrio postural. STD. 1.2. Adapta la habilidad motriz básica de salto a diferentes tipos de entornos y de actividades físico deportivas y expresivas, ajustando su realización a los parámetros espacio-temporales y manteniendo el equilibrio postural. STD. 1.5. Mantiene el equilibrio en diferentes posiciones y superficies.

2. INDICADORES DE LOGRO: EF.2.1.1. Integra y resuelve satisfactoriamente variadas situaciones motrices; EF.2.1.2. Elige las habilidades perceptivo-motrices y básicas más apropiadas para resolver de forma eficaz situaciones motrices.

3. RÚBRICAS: Sobre la carrera y salto teniendo a las cuerdas puestas en el suelo como obstáculo (indicadores a partir de los criterios de evaluación y estándares de aprendizaje.

4. CRITERIOS DE CALIFICACIÓN: insuficiente; suficiente; bien; notable; sobresaliente.

5. EVALUACIÓN DE LA PRÁCTICA DOCENTE: Cuestionario a rellenar por el alumnado.

6. AUTOEVALUACIÓN DE LA UDI: cuestionarios con ítems para valorar nuestro propio trabajo

7. COEVALUACIÓN: cuestionario con pautas de "coevaluación grupal": ¿he colaborado con mis compañeros?; ¿qué he aportado al grupo?; ¿he respetado los tiempos, recursos, reglas de los juegos?

E) COLABORACIÓN CON LA FAMILIA

Procesos compartidos en la puesta en marcha de la UDI. Actividades en colaboración con las familias: trabajo en casa, búsqueda de información sobre los tipos de vallas de atletismo, con el uso de las TIC/TAC. Tutoría electrónica con herramienta PASEN (SÉNECA), si fuese necesario.

CONCLUSIONES. FUENTES USADAS: libros, textos varios, legislación e Internet. **ANEXOS.**

> **DISCURSO-MUESTRA DE UDI**

Buenos días.

A) PRESENTACIÓN/IDENTIFICACIÓN/JUSTIFICACIÓN.

Hemos escogido esta 6ª U.D.I. "somos saltarines" en lugar de las otras dos, por la relativa novedad que supone el tratamiento que damos a los materiales empleados en la misma, y que la bibliografía especializada denomina "recursos materiales alternativos y reciclados".

Trabajamos en esta UDI el salto, apoyándonos en que el grupo de 3º tiene una experiencia curricular previa tanto en este curso como en los dos anteriores, con el trabajo realizado sobre las habilidades perceptivo motrices, así como con otros aspectos relacionados, como los coordinativos y equilibradores. Además, otras UDI aplicadas en las primeras semanas de este curso escolar, ya proporcionaban prácticas lúdicas donde estaban presentes diversos tipos de salto. No olvidemos que las edades de 2º ciclo son las más críticas para el aprendizaje de las habilidades y destrezas básicas.

Así pues, la realidad contextual del grupo -entendemos- tiene suficiente base motriz como para abordar la habilidad del salto, que a su vez se convierte en paso previo para aplicarlo en un futuro próximo en la iniciación deportiva (habilidad específica), tras el conocimiento y desarrollo de las habilidades genéricas con juegos pre deportivos.

Por otro lado, en esta UDI, entre otras, cuidamos las actitudes sobre la importancia de la reutilización del material, concienciando así sobre el desproporcionado consumo en el que está inmerso la sociedad actual.

La hemos contextualizado a la realidad del centro, ya que contamos con un alumnado que no presenta problemas educativos y de comportamiento, por lo que nuestros objetivos y contenidos están en consonancia con esta circunstancia, al mismo tiempo que en todas las prácticas tendremos en cuenta la diversidad. También perseguimos la idea de que muchos de los juegos que hacemos los practiquen en el segundo y tercer tiempo pedagógico, convirtiendo a éstos en espacios saludables.

Da respuesta a lo establecido en la Líneas Generales de Actuación Pedagógica del centro, sobre la práctica de actividad física de forma lúdica, aceptando la diversidad de la misma y de sus practicantes, etc.

La temática concreta de la tarea gira entorno a las vallas de atletismo por un lado y al aprendizaje de la carrera y salto de obstáculos por otro. Así pues, al mismo tiempo que mejoramos estas dos habilidades básicas, elaboramos como tarea final una maqueta con reproducciones en miniatura de las vallas atléticas y de otras vallas y obstáculos alternativos usados en clase, empleando para ello cartones, sorbetes de plástico, alambre, plastilina, envases, etc.

> **Enseñar anexo** 1, con fotos de varios materiales a usar en la elaboración de la tarea

ANEXO 1

MATERIALES A USAR EN LA TAREA: CARTONES, SORBETES DE PLÁSTICO, ALAMBRE, PLASTILINA, ETC.

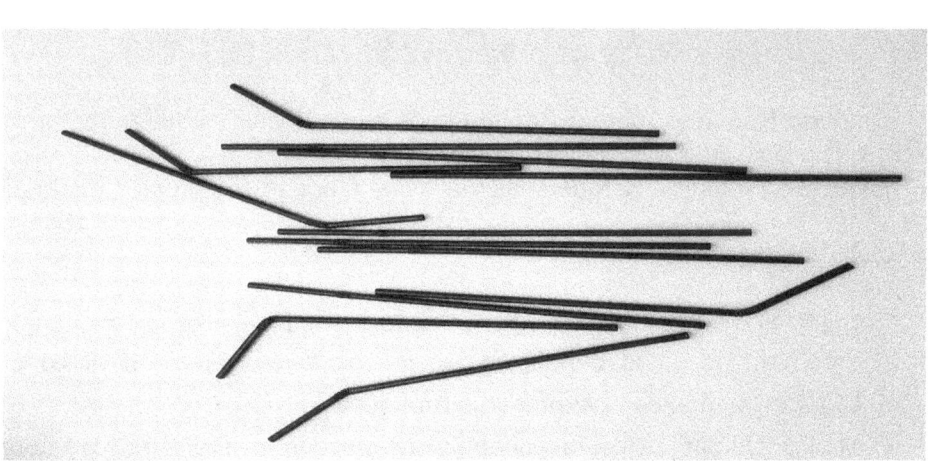

B) CONCRECIÓN CURRICULAR

Exponemos ahora los detalles de los distintos elementos curriculares que hemos precisado para esta UDI, teniendo como referente la LOMCE/2013 y la legislación que la desarrolla.

1. CRITERIO DE EVALUACIÓN DEL ÁREA.

La UDI está articulada al criterio 2.1. (Mapa de Desempeño, O. 17/03/2015, BOJA nº 60, pág. 490, de 27/03): *Integrar y resolver satisfactoriamente variadas situaciones motrices, utilizando las habilidades perceptivo-motrices y básicas más apropiadas para una eficaz solución*. Está definido a partir del Criterio 1 del área para la Etapa (R. D. 126/2014).

Relacionamos la UDI con estos criterios de evaluación de las siguientes áreas:

- **C.E. LCL 2.9**: Elaborar proyectos sobre diferentes temas del área...
- **C.E. MAT.**: C.E.2.2: Resolver de forma individual o en equipo, situaciones problema sobre cálculos, medidas, geometría y tratamiento de la información...
- **C.E. C.N.**: C.E.2.2.: Conocer el funcionamiento de los órganos, aparatos y sistemas que intervienen en las funciones vitales del cuerpo humano...

2. OBJETIVOS DE LA ETAPA Y DEL ÁREA DE EDUCACIÓN FÍSICA PARA LA ETAPA, RELACIONADOS CON LA UDI.

- Etapa: K (R.D. 126/2015). Valorar la higiene y la salud, aceptar el propio cuerpo, utilizar la educación física y el deporte como medios para favorecer el desarrollo...
- Área (O. 17/03/2015): O.EF.1. Conocer su propio cuerpo y sus posibilidades motrices con el espacio y el tiempo...
- O.EF.2. Reconocer y utilizar sus capacidades físicas, habilidades motrices, adaptación del movimiento a nuevas situaciones de la vida cotidiana...

3. OBJETIVOS DE OTRAS ÁREAS/ASIGNATURAS.

Esta UDI está muy relacionada con el área de (O. 17/03/2015):

- Ciencias Naturales, porque contribuimos a que el alumnado tenga conciencia de su propio cuerpo y de los demás.
- Educación Artística, porque ellas y ellos se fabrican sus propios materiales.

En concreto, citamos a:

- O.CN.3: Reconocer y comprender aspectos básicos del funcionamiento del cuerpo humano, salud, beneficios del ejercicio físico, la higiene, alimentación....
- O.LCL.2: Comprender y expresarse oralmente...
- O.MAT.8: Utilizar los medios tecnológicos, buscando, analizando y seleccionado información...

4. OBJETIVOS DE ANDALUCÍA.

Las enseñanzas que vamos a tratar en esta UDI tienen una serie de rasgos que conectan con el objetivo "c" de Andalucía, tal y como nos indica el D. 97/2015, sobre *actitudes críticas y hábitos sobre la salud y consumo responsable*.

5. OBJETIVOS DIDÁCTICOS. SU RELACIÓN CON LOS INDICADORES Y LAS CC. CLAVE.

Son los que nos proponemos alcanzar durante o al final de las sesiones de esta UDI:

EF.2.1.1. Integrar y resolver satisfactoriamente variadas situaciones motrices.

EF.2.1.2. Elegir las habilidades perceptivo-motrices y básicas más apropiadas para resolver de forma eficaz situaciones motrices.

Están **relacionados con las C. Clave:**

CAA: Competencia Aprender a Aprender.

SIEP: Competencia de sentido de iniciativa y espíritu emprendedor.

Los objetivos de esta Unidad los hemos concretado del objetivo de etapa "k", porque permite el conocimiento y la aceptación del cuerpo, como medio para el desarrollo de las habilidades y destrezas; y con los de Área, los números O.EF.1 y O.F. 2, entre otros, utilizando su cuerpo como recurso, a través de las actividades físicas, lúdicas y deportivas, para adaptar el movimiento a las circunstancias.

Son observables y evaluables a través de los criterios de evaluación establecidos y se basan en conocer y aplicar las habilidades y destrezas en las diversas actividades, y a nivel actitudinal, en ser conscientes de la importancia de reciclar materiales y respetar las normas y a los compañeros.

> **Enseñar anexo** 2, con gráficos donde relacionamos objetivos y contenidos

ANEXO 2

CONCRECIÓN CURRICULAR

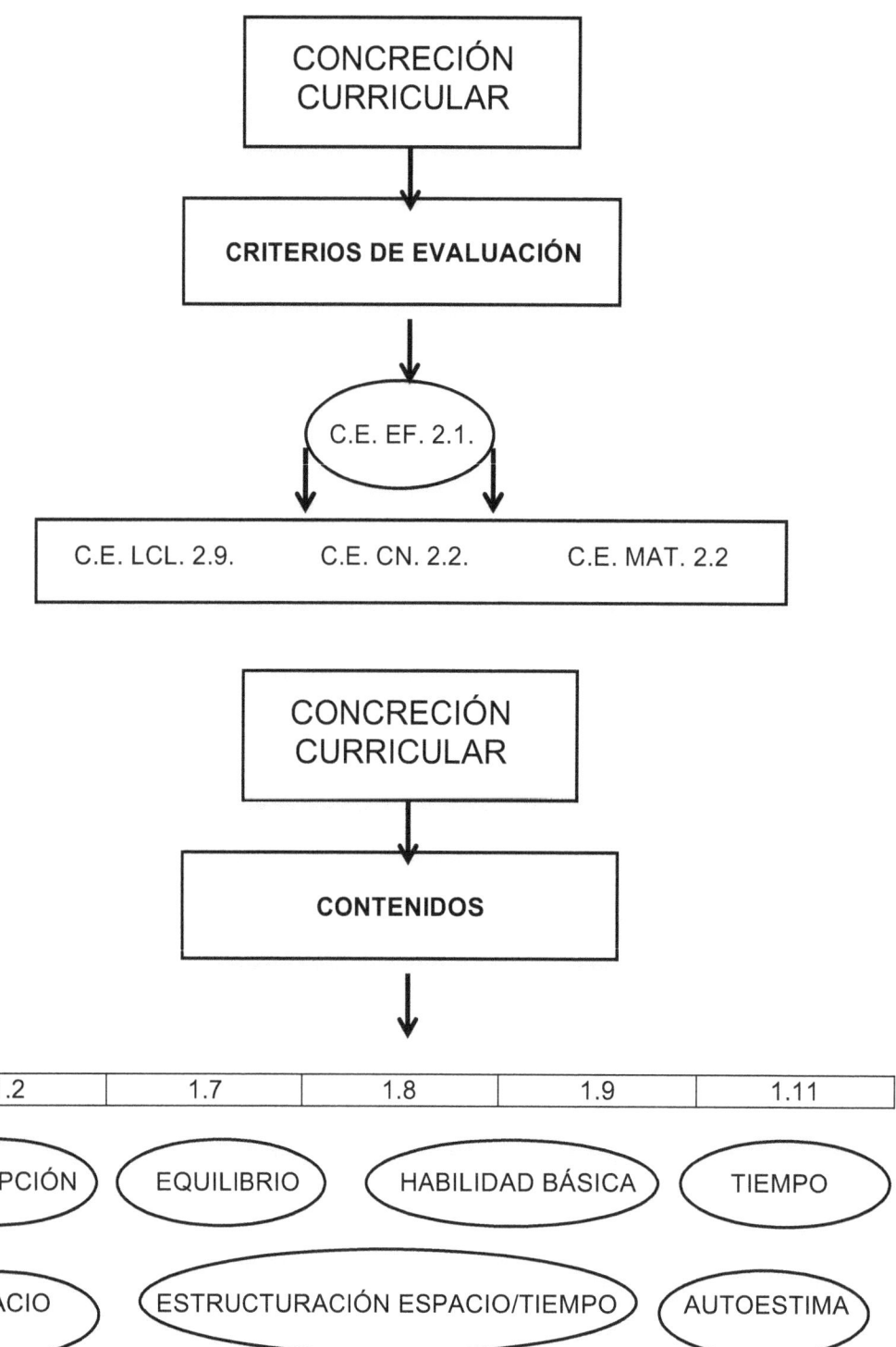

6. CONTENIDOS.

Hemos seleccionado cinco contenidos procedentes del punto 5, "Contenidos 2º ciclo", de la O. 17/03/2015.

- 1.2. Descubrimiento progresivo a través de la exploración... Por ejemplo, en la sesión 2 en un juego sobre ajuste del propio cuerpo al espacio.
- 1.7. Control del cuerpo en situaciones de equilibrio y desequilibrio... Por ejemplo, en la sesión 3 en un juego sobre reequilibrarse tras salto.
- 1.8. Estructuración y percepción espacio-temporal... Por ejemplo, en la sesión 1 en un juego sobre orientación espacial tras carrera y salto.
- 1.9. Desarrollo de la autoestima... Por ejemplo, en la sesión 4 en un juego ya realizado en la 1ª comprobarán la mejoría obtenida.
- 1.11. Ajuste y uso de las habilidades motrices básicas... Por ejemplo, en la sesión 4 en un juego en la Animación consistente en atrapes.

Si bien les daremos un tratamiento globalizado, primaremos más los de tipo práctico o procedimental.

7. ELEMENTOS TRANSVERSALES.

A lo largo de la UDI realizaremos una serie de prácticas íntimamente relacionadas con los siguientes elementos transversales que recoge el R. D. 126/2014:

- *Igualdad real y efectiva entre hombres y mujeres (coeducación)*. Por ejemplo, en la sesión 2 en una actividad cooperativa sobre construcción del producto social relevante. Todas las actividades grupales tendrán igual número de niñas que de niños.
- *Hábitos de vida saludable y deportiva*. Por ejemplo, a lo largo de las sesiones de la UDI, realizando la rehidratación adecuada al esfuerzo.
- *Tecnologías de la información y la comunicación*. Por ejemplo, buscando información en Internet sobre las vallas.
- Además, habida cuenta incidimos en la UDI sobre el reciclaje de materiales, tratamos aspectos relacionados con el *desarrollo sostenible y el medio ambiente*.

8. COMPETENCIAS CLAVE DESARROLLADAS:

Durante el transcurso de la UDI hacemos nuestra aportación al logro de dos C. Clave, de una manera más significativa (R.D. 126/2014):

CAA: adquirir conciencia de las propias capacidades (físicas, intelectuales, emocionales), del proceso y las estrategias necesarias para desarrollarlas, así como de lo que se puede hacer por uno mismo o con ayuda de otras personas.

Por ejemplo, al tomar las pulsaciones y observar sus oscilaciones en la **sesión número 2**. También, poniendo en práctica lo aprendido en los cursos anteriores referentes a las habilidades y destrezas para continuar desarrollándolas de manera más eficaz y autónoma.

SIEP: auto superación y actitud positiva en la organización actividades. Toma de decisiones de forma autónoma a lo largo de **todas las sesiones**. Por ejemplo, construcción de recursos móviles para los juegos: vallas con diversos materiales durante toda la UDI.

C) TRANSPOSICIÓN DIDÁCTICA:

Nos centramos ahora en exponer la transposición didáctica de la UDI nº 6. Es decir, adaptamos o transformamos los aprendizajes a los niveles adecuados a cada componente del grupo. Así, los elementos del "saber general" los convertimos al "saber enseñado".

1. TAREA.

Realizamos combinaciones de varias acciones interdisciplinares, implicando a varias áreas, que va a permitir al grupo elaborar un producto relevante, al mismo tiempo que una práctica social.

Durante las clases vamos trabajando la tarea a partir de la comunicación previa enviada a cada componente del grupo clase a través de la Plataforma Digital del CEIP, con la información y los enlaces necesarios para que, en grupos cooperativos, comiencen su construcción. Por ejemplo, a YouTube:

* https://www.youtube.com/watch?v=i3gQ5rZWW0Q
* https://www.youtube.com/watch?v=cTHW0uCCJ8A
* https://www.youtube.com/watch?v=1jxBzowxpww

Los obstáculos que usamos en clase a base de conos, cuerdas, tubos, etc. sirven de muestra para hacerlos a escala, usando cartulinas, sorbetes, etc. como P.S.R. Los conos balizadores de tráfico están en el centro como "material alternativo" de dotación habitual.

Además, para la zona de tierra, usamos vallas hechas a partir de alambre doblado en forma de U invertida, clavados al suelo, y con un tubo de plástico en su parte superior para percibirlas bien. Ya en la maqueta, los alumnos/as la representan con alambre más fino y sorbetes de plástico, a escala. Las figuras de ellos/as mismos/as, corriendo y saltando, las realizan con plastilina.

Así pues, en las cuatro sesiones damos indicaciones y aclaramos dudas para su realización en su tiempo libre, de esta forma fomentamos la interacción y comunicación.

En resumen, procederemos a explicar al grupo la manera de hacer el producto social relevante y, dado que la UDI tiene cuatro sesiones, el trabajo no tendrá gran dificultad y aprovecharemos la plataforma digital del centro.

> **Enseñar anexo** 3-1; 3-2, con un ejemplo de maqueta de la tarea: conos y vallas

ANEXO 3-1

DISEÑO DE OBSTÁCULOS PARA CORRER Y SALTAR.

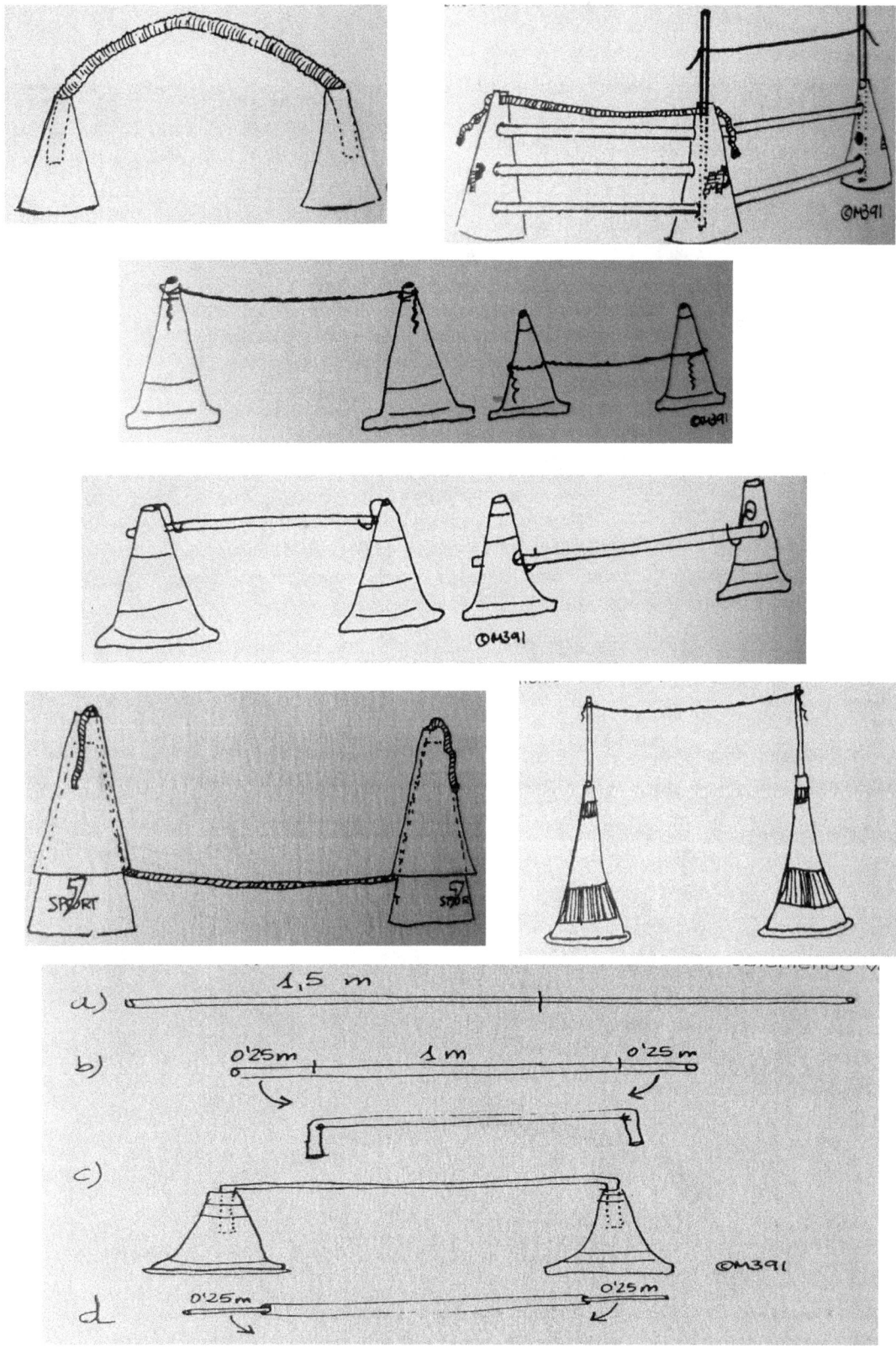

ANEXO 3-2

MODELOS/TAMAÑOS DE VALLAS REGLAMENTARIAS A REALIZAR EN MINIATURA CON CARTULINAS, SORBETES, PLASTILINA, ETC.

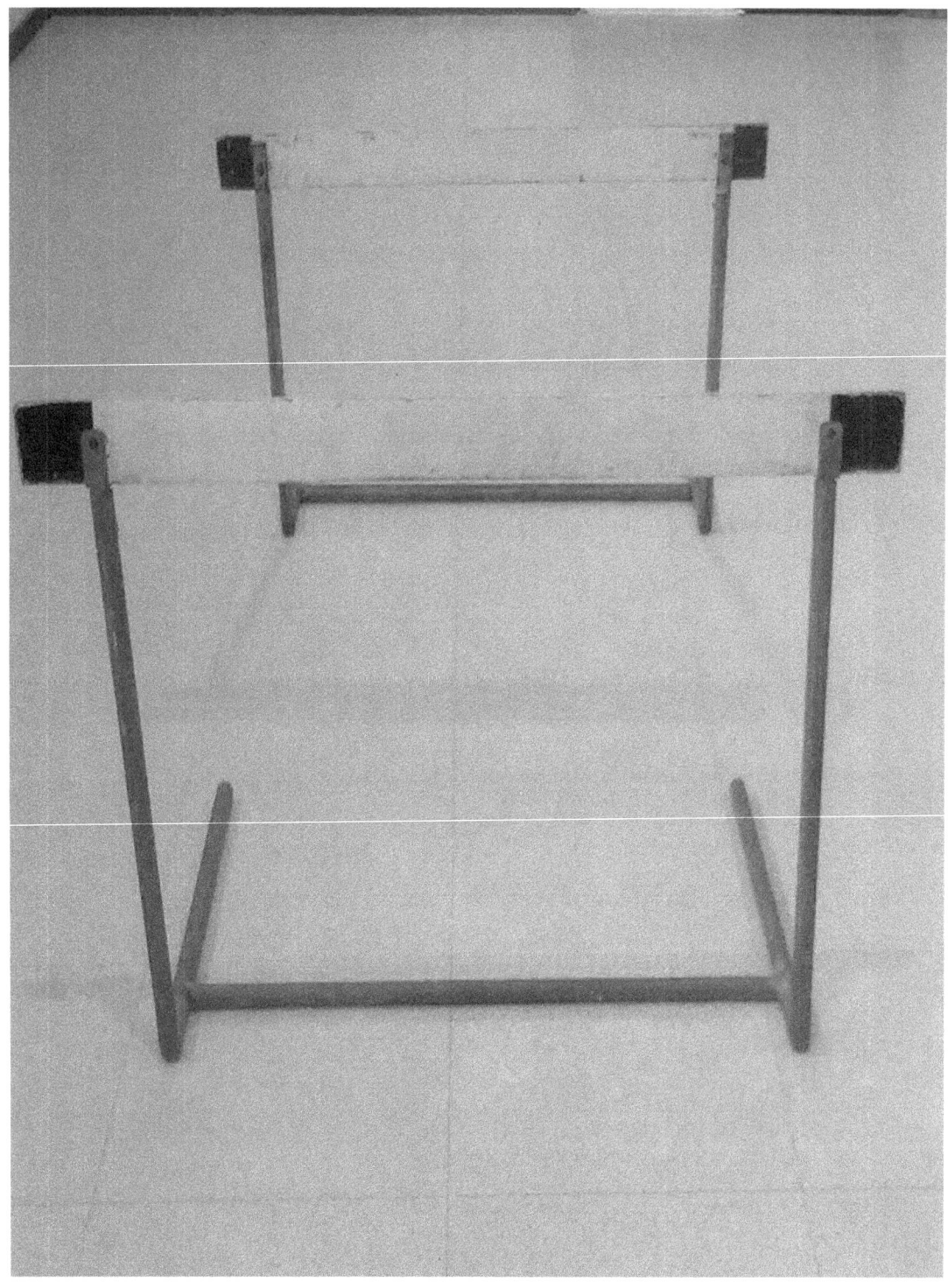

2. ACTIVIDADES.

Con las actividades pretendemos adquirir nuevos conocimientos o usar de manera distinta el ya adquirido. Las iniciamos con unas preguntas para la reflexión individual y posterior discusión, por ejemplo a partir de un conflicto cognitivo, y que posteriormente el alumno/a aplicará a las tareas para favorecer así el desarrollo de las competencias. Concretamente, proponemos buscar información sobre los tipos de vallas en atletismo en Internet. Por ejemplo:

* https://caracterizaciondeportiva.weebly.com/carrera-con-vallas.html

Variantes de vallas de aprendizaje. Investigar cómo se pueden graduar en altura. Hacer vallas con otros materiales. Por ejemplo:

* https://es.slideshare.net/escuelavirtualdedeportes/carreras-con-vallas

Recopilar videos en Internet sobre la enseñanza de la carrera de vallas, la técnica de paso. Alturas de las vallas en función de la categoría de los participantes. Medir las distancias entre las vallas. Señalar los apoyos existentes entre valla y valla en el suelo. Por ejemplo:

* https://es.slideshare.net/migueuc/tcnica-en-carrera-con-vallas

*http://concurso.cnice.mec.es/cnice2005/50_educacion_atletismo/curso/archivos/descripcion_100vallas.htm

Buscar información sobre la recepción en el suelo con el pie de apoyo para evitar lesiones. Por ejemplo:

* https://clasevirtualsocialestjdotcom.wordpress.com/author/mariapaulaolayanavarro/

¿Cómo son los ejercicios de calentamiento específicos? Uno de cada grupo dirige el calentamiento específico a los demás. Antes han debido descargarlos de YouTube:

* https://www.youtube.com/watch?v=LcqA05-fRJc

En grupo, hacemos un test de carreras de vallas. En este caso, acudimos para su aplicación a una metodología eminentemente participativa, dándole a todos los componentes del grupo un protagonismo destacado. Ellos y ellas se organizan en grupos de 4-5 para realizar el test, exponer y enviar los resultados por vía telemática, etc.

3. EJERCICIOS.

Los ejercicios suponen unas acciones pensadas para adquirir un dominio concreto. Los patrones de movimiento más importantes que tratamos son la carrera y el salto con sus variantes. Algunos ejemplos de preguntas (metodología investigadora) a realizar, son:

¿Somos capaces de imaginarnos vallas en el espacio y correr para saltarlas? Gesticulamos libremente sobre cómo salto mejor esas vallas imaginarias.

¿Cómo es más fácil saltarlas? Buscar información gráfica en Internet. Imprimir la foto y presentarla. Intento hacerlo igual que el modelo visto en Internet anteriormente.

¿Qué pie elige cada uno para saltar y atacar o pasar? Cada uno debe experimentar en la primera sesión para escoger el pie con el se sienta más seguro en la batida ante el obstáculo.

Observamos a los demás para decidir quién lo hace mejor e imitarle. La elección de cada uno es observada por los demás en la primera sesión.

¿Cómo es más fácil salvar el obstáculo que representa mi compañero tumbado en el suelo?

¿Descubrimos cuántos pasos debemos dar para salvar la distancia entre los obstáculos? Señalamos las distancias entre vallas y ajustamos el número de paso en función de las posibilidades de cada uno. Lo escribimos.

Nos auto marcamos el ritmo de carrera. Experimentamos qué velocidad es la mejor que podemos llevar, en la 2ª, 3ª y 4ª sesión.

¿Cómo debemos poner los brazos al correr y saltar? Resumimos en una cuartilla la técnica de carrera de vallas y procuramos llevarla a cabo.

Recorridos de carrera y saltos variados en altura y longitud. Por grupos, se marcan las distancias y recorridos.

¿Cómo debemos recepcionar tras el salto para no hacernos daño? Cuidamos de la recepción en el suelo tras el salto.

> **Enseñar anexo** 5. Gráficos relacionando pasos, distancia, posición corporal...

ANEXO 5

ASPECTOS A TENER EN CUENTA A LA HORA DE SALTAR

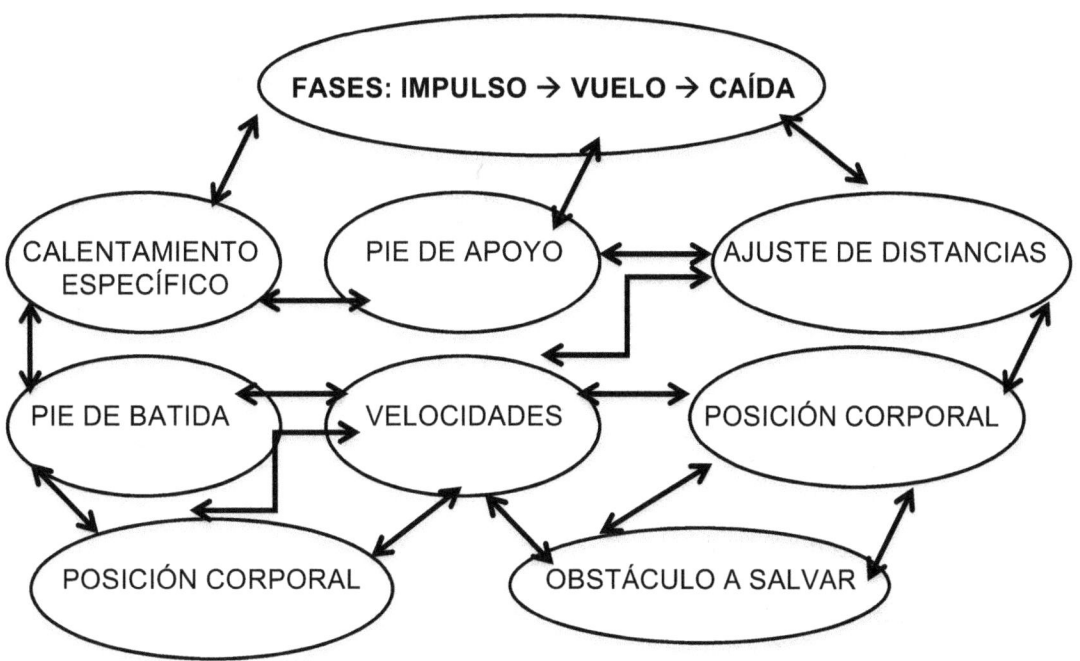

EXPONEMOS AL TRIBUNAL UN EJEMPLO DE JUEGO DE ANIMACIÓN DONDE, ADEMÁS DE TRATAR LOS ASPECTOS MOTORES Y FÍSICOS, APLICAMOS LA CONCRECIÓN CURRICULAR Y PUNTOS MUY PRECISOS DE LA TRANSPOSICIÓN DIDÁCTICA

Enseñar anexo 6, con gráfico del juego

ANEXO 6

GRÁFICO DEL JUEGO "ROBA-CUERDAS"; "ROBA-RABOS"; "COLA DEL ZORRO".

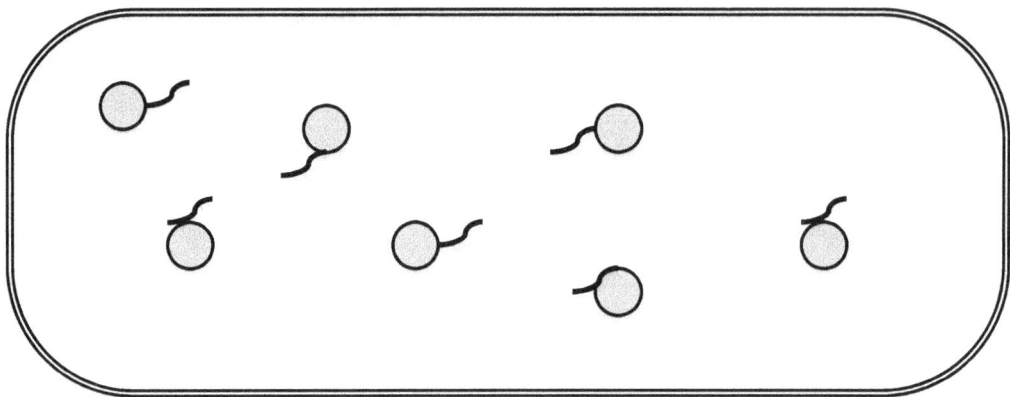

TÍTULO: "Roba cuerdas", "Roba rabos" o "Cola del zorro".

APLICACIÓN: 3ª sesión ("Animación"), durante 5 minutos.

REALIZACIÓN: Cada componente del grupo se coloca una cuerda sobresaliendo del pantalón, simulando una cola que arrastra por el suelo. Deberán "robar" las cuerdas de los demás, usando manos o pies, y evitar que le roben la suya. Gana el que acabe con más colas cogidas en su mano. No se puede participar teniendo cuerdas en la mano y ninguna en la cintura, por lo que siempre hay que colocarse una.

Curricularmente, este **juego** está **relacionado** con los siguientes **elementos**:

CC.CLAVE: Autonomía e Iniciativa personal: deben de colocarse la cuerda donde ellos crean más conveniente, así como perseguir al que perciba es más fácil.

OBJETIVOS:

Con el objetivo de curso número "XX"

Con el objetivo de esta UDI: 2.1.1. y 2.1.2.

Específicamente:

A nivel **físico**: trabajamos la resistencia ya que deben de mantener un esfuerzo de media intensidad, durante un tiempo relativamente prolongado.
A nivel **motor**: mejoramos las habilidades perceptivas, especialmente la estructuración espacio-temporal, donde se deben medir las distancias, direcciones y velocidades entre compañeros y tener en cuenta los límites espaciales. Igualmente, la habilidad básica del desplazamiento en carrera y habilidad genérica de los cambios de dirección y sentido.

También el equilibrio dinámico, porque deben reajustar su propio cuerpo en cada movimiento, así como la coordinación general en la carrera, y la óculo segmentaria en el momento de atrapar la cuerda, ya sea con la mano o el pie.

Desde un punto de vista **socio afectivo**: favorecemos la creatividad, siendo el propio niño/a quien coloque la cuerda donde desee.

Los aspectos **metodológicos** prácticos aplicados a este juego, son:

- ESTILO DE ENSEÑANZA: "Asignación de Tareas", ya que indicamos lo que hay que realizar y cada componente, en función de sus capacidades, participa.

- COMUNICACIÓN: Tipos: sobre todo de índole visual, porque las percepciones de compañeros (espacios y velocidades y movimientos de la cuerda), se realizan a través de la vista.

- ORGANIZACIÓN: informal y masiva, con una distribución libre por el espacio señalado y limitado.

- TIEMPO DE COMPROMISO MOTOR: práctica simultánea, ya que todo el grupo participa a la vez.

- POSICION DEL DOCENTE: Mixta, porque también somos partícipe de la actividad y salimos del grupo para controlarlo y dar feedback de índole verbal.

- TÉCNICA DE ENSEÑANZA: indagatoria, porque ellos mismos ante el problema planteado acerca de las percepciones, deben buscar las soluciones, máxime si las ubicaciones y velocidades van cambiando cada instante por la propia evolución de este juego tan dinámico.

- ESTRATEGIA EN LA PRÁCTICA: Global. Las acciones a realizar las efectúa el cuerpo en su totalidad y de manera continuada.

Enseñar anexo 7, sobre metodología aplicada a este juego de "Animación"

ANEXO 7

ASPECTOS METODOLÓGICOS DEL JUEGO

JUEGOS → ASPECTOS METODOLÓGICOS APLICADOS A RESALTAR

- ESTILO DE ENSEÑANZA: asignación de tareas
- COMUNICACIÓN: visual; auditiva
- ORGANIZACIÓN GRUPAL (ESTRUCTURA): informal
- ORGANIZACIÓN GRUPAL (Nº ALUMNOS): masivo
- TIEMPO DE COMPROMISO MOTOR: Práctica simultánea
- POSICIÓN DOCENTE: COMBINADA: externa o focal e interna
- TÉCNICA DE ENSEÑANZA: directa
- ESTRATEGIA EN LA PRÁCTICA: global
- ADAPTACIONES METODOLÓGICAS: en caso necesario...

4. ATENCIÓN A LA DIVERSIDAD.

Cada componente del grupo realizará las prácticas a su ritmo, dando las pausas oportunas en función de la intensidad individual.

Con el alumno que tiene principios de obesidad evitaremos esfuerzos mantenidos, como ocurre en carreras y saltos, aconsejando los suaves con más pausas y le daremos feedback de tipo afectivo y motivador, aunque también correctivo si fuese necesario. Otras adaptaciones previstas para el chico con obesidad es preparar espacios de descanso, si fuera necesario, aunque incidiendo en su autocontrol.

Como legislación específica citamos la O. 25/07/2008 y las Instrucciones del 08/03/2017, sobre actualización de protocolo para el alumnado con n.e.e.

5. PRODUCTO SOCIAL RELEVANTE.

Exposición durante la semana antes de Navidad, en los pasillos de la primera planta, de la maqueta con la tarea terminada, para que la vea toda la Comunidad Educativa.

Son una serie de vallas, como las usadas en Atletismo, y otros obstáculos usados en clase para aprender a correr y saltar, pero en miniatura, y realizadas con sorbetes de plástico, tubos, etc.

Invitaremos a las familias para que la vean y reconozcan el trabajo al grupo. Fotos de la misma la subiremos a la web del CEIP.

6. TIPOS DE PENSAMIENTO.

Con las actividades desarrollamos diversos tipos de pensamiento:
- P. Deliberativo. Ante varios obstáculos, tomar la mejor opción de carrera y salto entre las posibles (sesión 2).
- P. Reflexivo. A la hora del salto, ¿cómo es más fácil impulsarse? (sesión 2).
- P. Práctico. Porque buscamos que la acción a sea efectiva, económica y bien hecha para convertirlas en rutinarias con vista a aprendizajes superiores más complejos (sesión 3).

7. METODOLOGÍA.

Siguiendo lo expresado en la O. 17/03/2015, así como en la O. ECD/65/2015 (Anexo II), insistiremos en una metodología individualizada, como en la sesión 2 al proponer correr y saltar libremente. Creadora, como en la sesión 3 al proponer nuevas formas de saltar un obstáculo. Cooperativa y significativa durante todas las sesiones, por ejemplo, en la realización del P. S. Relevante.

Como ejemplo concreto de metodología aplicada, hemos expresado anteriormente la que llevamos a cabo en el juego de "Animación: roba-rabos".

8. AGRUPAMIENTOS.

Flexibles y variados: parejas en ejercicios, como en el de salvar el obstáculo que supone un compañero que está tumbado en el suelo; grupos pequeños en actividades basadas en problemas (A.B.P.), como al proponer que investiguen cómo es mejor correr y saltar; grupos coloquiales en trabajos cooperativos, sobre todo a la hora de realizar la tarea. Agrupamientos globales en acciones donde todo el grupo actúa al mismo tiempo con la misma tarea, como en los juegos de "Animación".

Enseñar anexo 8, con gráficos de agrupaciones

ANEXO 8

GRÁFICOS CON AGRUPAMIENTOS A USAR EN LAS DIVERSAS SESIONES DE LA UDI.

LIBRE O INFORMAL:

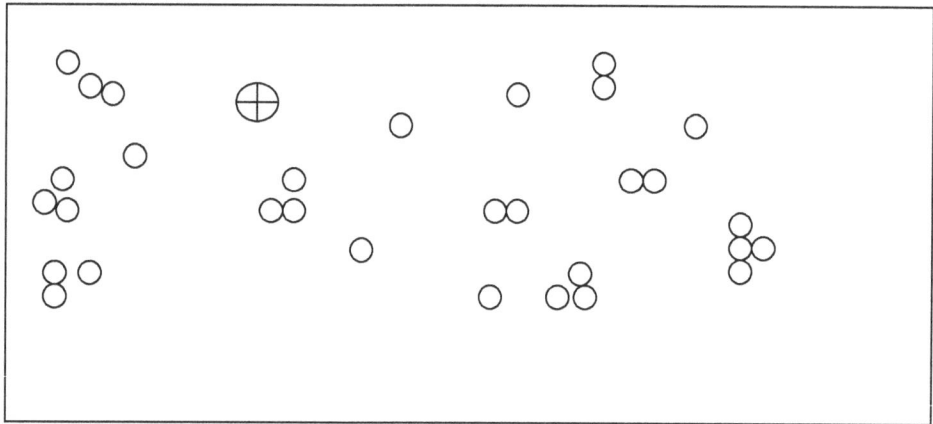

EN LÍNEA PARA JUEGOS DE RELEVOS CON PASILLO DE SEGURIDAD

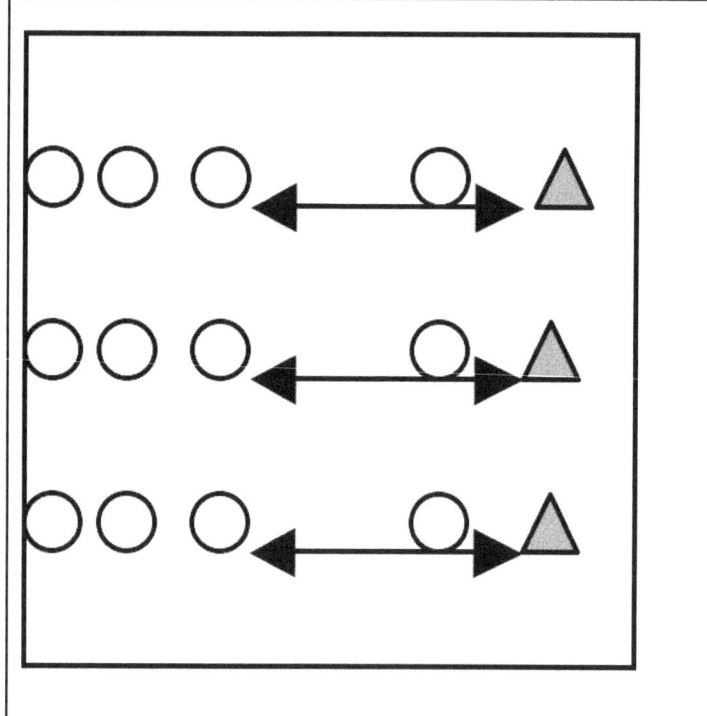

9. CONTEXTOS O ÁMBITOS Y ESCENARIOS.

Durante la realización de la UDI disponemos de todos los contextos y escenarios que manifestamos durante la defensa de la P. Didáctica, si bien vamos a usar preferentemente a:

Ámbito escolar. Los **escenarios** del gimnasio, a la hora de hacer las prácticas; aula de informática cuando vamos a buscar información en Internet sobre las vallas.

Ámbito familiar: preguntas a familiares, uso del ordenador personal.

10. RECURSOS.

Conos, cuerdas, picas, alambre grueso, tubo de goma y cinta adhesiva tipo "fixo". Con ellos hacemos "cono-vallas" de diversas alturas, como ocurre en las sesiones 2 y 3. Material de desecho: cartones, botes y sorbetes, durante todas las sesiones para hacer el P. S. Relevante. Internet en la búsqueda de información sobre los tipos de vallas y cómo hacerlas con materiales reciclados.

> **Enseñar anexo** 9, con fotos de varios de estos recursos.

ANEXO 9

ALGUNOS EJEMPLOS DE RECURSOS A USAR DURANTE LA UDI

Conos, picas, alambre, tubos de plástico, sorbetes y cinta métrica

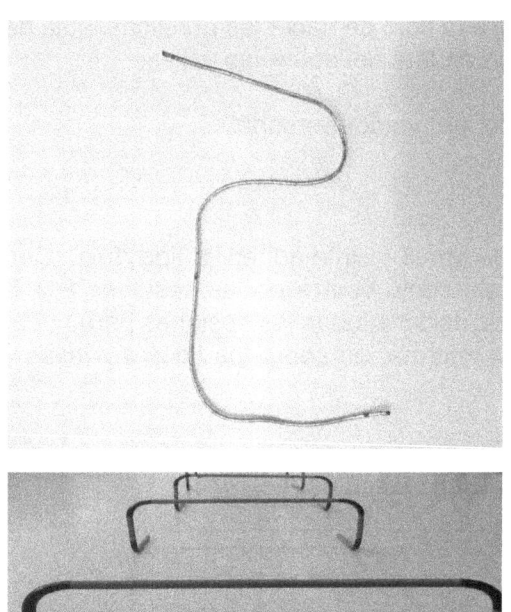
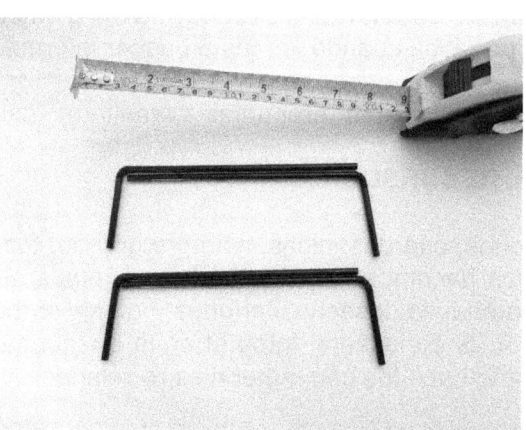
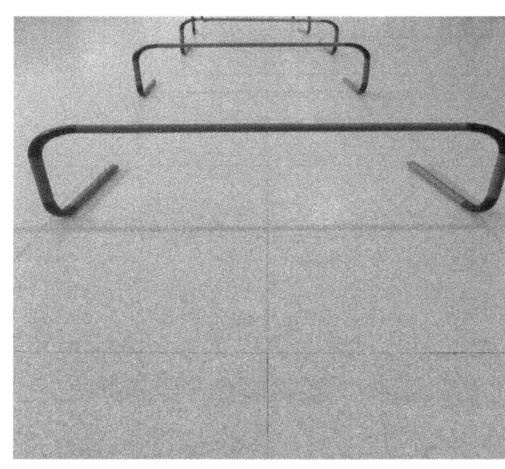
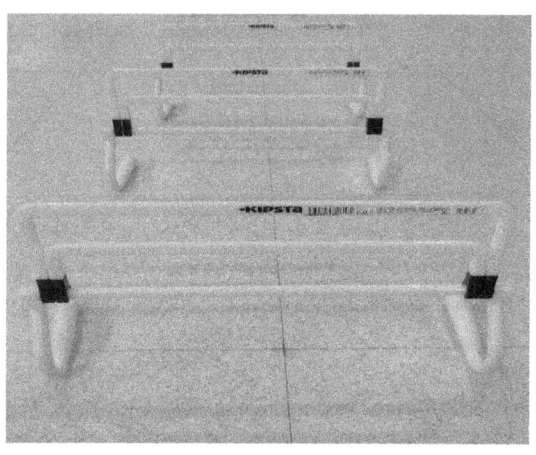

11. TEMPORALIZACIÓN.

La hemos recogido en la tabla del siguiente anexo.

> **Enseñar anexo** 10: tabla con días, habilidad, recursos y características de la sesión

ANEXO 10

TEMPORALIZACIÓN

Nº SESIÓN	HABILDAD	RECURSO	CARACTERÍSTICAS
1	CARRERA	Construir vallas con conos/cuerdas y con alambre/tubos.	Presentación. Valoración inicial. Construcción. Juegos.
2	SALTO	Conos, picas y cuerdas	Juegos. Producto social relevante.
3	COMBINACIONES	Conos, aros, cuerdas, picas.	Juegos y circuito. Producto social relevante.
4	RELEVOS Y P.S.R.	Cuerdas y conos.	Juegos finales. Test de salto. Evaluación.

D) VALORACIÓN DE LO APRENDIDO:

Pasamos a exponer todo lo relativo a cómo vamos a evaluar los aprendizajes obtenidos, así como nuestro trabajo y el proceso que hemos seguido durante la UDI.

1. ESTÁNDARES DE APRENDIZAJE EVALUABLES RELACIONADOS CON LOS CRITERIOS DE EVALUACIÓN DE CICLO Y OBJETIVOS.

Los más aplicables, siguiendo el Mapa de Desempeño del Área de Ed. Física (O. 17/03/2015), son:

- STD. 1.1. Adapta los desplazamientos a diferentes entornos y actividades...
- STD. 1.2. Adapta la habilidad del salto...
- STD. 1.5. Mantiene el equilibrio en diferentes posiciones y superficies.

2. INDICADORES DE LOGRO.

A través de los indicadores de logro, que son concreciones de los estándares de aprendizaje, medimos los niveles de desempeño de las competencias. Para ello usamos como herramienta las rúbricas.

Los indicadores concretos que aplicamos, siguiendo al "Desarrollo Curricular, 2º Ciclo", que expresa la O. 17/03/2015, son:

EF.2.1.1. Integra y resuelve satisfactoriamente variadas situaciones motrices;
EF.2.1.2. Elige las habilidades perceptivo-motrices y básicas más apropiadas para resolver de forma eficaz situaciones motrices.

3. RÚBRICAS.

Sobre la carrera y salto teniendo a las cuerdas puestas en el suelo como obstáculo (indicadores a partir de los criterios de evaluación y estándares de aprendizaje). Mostramos en el Anexo 11, la rúbrica con su encabezado, indicador de logro, descripción y escalas o valores.

> **Enseñar anexo** 11, con rúbrica sobre la habilidad de carrera y salto

ANEXO 11

RÚBRICA SOBRE LA HABILIDAD DE LA CARRERA Y SALTO				
	EXCELENTE	**BUENO**	**MÍNIMO**	**NO LOGRO**
Resuelve satisfactoriamente el ajuste de carrera y salto	Soluciona muy bien los ajustes necesarios	En alguna ocasión no ajusta la carrera y salto	No ajusta las distancias, pero no pisa las cuerdas	No ajusta y pisa casi todas las cuerdas.
Logra un braceo coordinado con la carrera y el salto	Totalmente coordinado, carrera con salto	Coordinado en la carrera, pero no en algunos saltos	Descoordina varias veces al saltar	Descoordinado, en carrera y salto
Corre y salta equilibrado y en línea recta	Todo el trayecto va equilibrado y en línea recta	Algunas veces se desequilibra	Varias veces se desequilibra y se inclina hacia un lado	No corre equilibrado y lo mismo se inclina a un lado que al otro

4. CRITERIOS DE CALIFICACIÓN.

Usamos los habituales en todas las UDI: insuficiente; suficiente; bien; notable; sobresaliente. Para quienes no logren el nivel mínimo estableceremos unas actividades complementarias para que lo alcancen en breve tiempo.

5. EVALUACIÓN DE LA PRÁCTICA DOCENTE.

Cuestionario a rellenar por el alumnado, como el que mostramos en el Anexo 12.

Enseñar anexo 12, con cuestionario

ANEXO 12

TABLA: MODELO DE CUESTIONARIO GENÉRICO DE EVALUACIÓN AL PROFESOR POR EL ALUMNADO.

4: Muy bueno; 3: Bueno; 2: Regular; 1: Malo.

	ASPECTOS A VALORAR	4	3	2	1
1	Explicando la materia lo consideras				
2	Facilitando la participación del alumnado es				
3	Las relaciones con las alumnas y los alumnos son				
4	Los objetivos que marcan son para ti				
5	Los métodos que utiliza me parecen				
6	La información que nos da es				
7	La atención a los problemas individuales es				
8	El control y la organización de la clase es				
9	Demostrando lo que hay que hacer es				
10	Los medios que utiliza para evaluar son				
11	Su ritmo de trabajo es				
12	La calificación que me ha puesto es en justicia				
13	En sus clases el clima de convivencia es				
14	Lo que más te gusta de la forma de llevar las clases por parte del profesor, es: Y la que menos:				
15	¿Qué le aconsejarías al profesor para mejorar las clases?				

6. AUTOEVALUACIÓN DE LA UDI.

Cuestionarios con ítems tendentes a valorar nuestro propio trabajo, como el que vemos en el Anexo 13.

> **Enseñar anexo** 13, con cuestionario previsto

ANEXO 13

TABLA: PREGUNTAS GENÉRICAS QUE PODEMOS HACERNOS LOS DOCENTES PARA AUTOEVALUARNOS.

a) ACTIVIDAD DOCENTE:
1. ¿Preparo reflexivamente mi acción educativa?
2. ¿Hago un seguimiento personal a cada alumno?
3. ¿Utilizo adecuadamente los recursos del centro?
4. ¿Empleo una metodología activa en mis clases?
5. ¿Propicio y motivo la autoevaluación en mi alumnado?
6. ¿Respeto el ritmo de trabajo de cada uno?
7. ¿Comienzo las clases puntualmente?
8. ¿Hago adaptaciones curriculares?
9. ¿Reflexiono a diario sobre mi actividad docente?
b) INTERRELACIONES
10. ¿Soy autoritario o tolerante?
11. ¿Tengo ideas negativas previas hacia alguna alumna o alumno?
12. ¿Favorezco el diálogo y el planteamiento de nuevas alternativas en las clases?
13. ¿Colaboro en actividades con los compañeros?
c) FORMACIÓN CIENTÍFICO-DIDÁCTICA
14. ¿Leo habitualmente revistas educativas y de Educación Física?
15. ¿Conozco las líneas didácticas actuales?
16. ¿Acudo a actividades de formación científico-didáctica?

7. COEVALUACIÓN.

Cuestionario con pautas de "coevaluación grupal": ¿he colaborado con mis compañeros?; ¿qué he aportado al grupo?; ¿he respetado los tiempos, recursos, reglas de los juegos? Lo vemos en el Anexo 14.

Enseñar anexo 14, con ejemplo de ficha

ANEXO 14

TABLA: EJEMPLO DE FICHA PARA APLICAR LA COEVALUACIÓN.

INDICADORES	COMPONENTES DEL GRUPO				
	JAVIER	MAR	EDU	ÍÑIGO	LOLA
Respeto a mis compañeros y maestro					
Me esmero en no ensuciar y cuidar el material					
Sé escuchar a los demás					
Respeto el silencio cuando los demás intervienen					
Tengo en cuenta y respeto la opinión de los demás					
Soy puntual					
Ayudo al grupo en general					
Comparto los materiales del colegio y los míos propios					
Ayudo a los demás					
Respeto el turno de intervención					
Respeto las normas					

LEYENDA: S → SIEMPRE; CS → CASI SIEMPRE; AV → A VECES; N → NUNCA

E) COLABORACIÓN CON LA FAMILIA

Procesos compartidos en la puesta en marcha de la UDI. Actividades en colaboración con las familias: trabajo en casa, como búsqueda de información sobre los tipos de vallas de atletismo, con el uso de las TIC/TAC. Tutoría electrónica y comunicación a través de la herramienta PASEN integrada en el programa de gestión "Séneca", si fuese necesario.

CONCLUSIONES

Hemos expuesto una UDI realizable y realista, en consonancia con el contexto y otros elementos defendidos anteriormente en la Programación Didáctica. Hemos apostado por el aprendizaje/perfeccionamiento de la carrera y el salto, con el uso de recursos alternativos ya que son una fuente de motivación para nuestro alumnado, destacando la importancia de su reciclaje. Hemos realizado acciones destinadas a la lectura, escritura, expresión oral, uso de las TIC, aunque respetando la diversidad.

FUENTES USADAS: libros, textos varios, legislación e Internet. **ANEXOS.**

> **Enseñar anexo** 15 - 1; 15 - 2; 15 – 3; 15 - 4, con varias páginas de fotos de portadas

de libros, legislación y portales web usados.

ANEXO 15 - 1

ANEXO 15 - 2

ANEXO 15 - 3

LEGISLACIÓN CONSOLIDADA

Real Decreto 126/2014, de 28 de febrero, por el que se establece el currículo básico de la Educación Primaria.

Ministerio de Educación, Cultura y Deporte
«BOE» núm. 52, de 1 de marzo de 2014
Referencia: BOE-A-2014-2222

TEXTO CONSOLIDADO

| 27 de marzo 2015 | Boletín Oficial de la Junta de Andalucía | Núm. 60 página 9 |

1. Disposiciones generales

CONSEJERÍA DE EDUCACIÓN, CULTURA Y DEPORTE

ORDEN de 17 de marzo de 2015, por la que se desarrolla el currículo correspondiente a la Educación Primaria en Andalucía.

El Decreto 97/2015, de 3 de marzo, por el que se establece la ordenación y el currículo correspondiente a la Educación Primaria en la Comunidad Autónoma de Andalucía dispone en su artículo 5.7 que los elementos del currículo de esta etapa educativa serán concretados por orden de la persona titular de la Consejería competente en materia de educación.

Las enseñanzas de la Educación Primaria en Andalucía se basan en el desarrollo de las competencias claves que conforman el currículo con un enfoque interdisciplinar que facilite la realización de actividades y tareas relevantes, así como la resolución de problemas complejos en contextos determinados mediante aprendizajes significativos, funcionales y motivadores, considerando como elementos transversales, el fortalecimiento del respeto de los derechos humanos y de las libertades fundamentales y los valores que preparan al alumnado para asumir una vida responsable en una sociedad libre y democrática.

Los aprendizajes contenidos en las distintas áreas que conforman los bloques de asignaturas de la etapa de Educación Primaria en Andalucía se ordenan en torno a los objetivos de las mismas para la consecución de los objetivos de la etapa, expresados en términos de capacidades que se pretenden alcanzar. Estos son el núcleo sobre el que se articulan todos los elementos del currículo en la Comunidad Autónoma de Andalucía.

ANEXO 15 - 4

http://ares.cnice.mec.es/edufisica/c/index.html

http://concurso.cnice.mec.es/cnice2005/50_educacion_atletismo/curso/archivos/descripcion_400vallas.htm

CONCLUSIONES.

Los autores hemos volcado no sólo en este libro, sino en los anteriores de la Colección, toda nuestra ilusión y experiencia acumulada a través de los muchos años de dedicación a la preparación de oposiciones.

La importancia de la UDI que por sorteo nos toque exponer radica en que, durante su exposición al Tribunal, la "vendemos", es decir, intentamos demostrar que la nuestra es mejor que las de los demás y que, incluso, tenemos más "tablas" que quienes nos han precedido y no seguirán en esta prueba oral. De ahí que debemos hacer numerosos ensayos para corregir los múltiples errores y defectos que cometamos.

La propuesta que hacemos de diseño de las UDI es la que hemos venido perfeccionando a lo largo de los últimos años adecuándolas a lo expresado en las convocatorias (por ejemplo, en junio de 2015 los **criterios de evaluación** que tuvieron en cuenta los tribunales), en la legislación actual, en el proyecto basado en el trabajo de las competencias básicas en el aula, "**Proyecto COMBA**" y el "Programa de Integración de las CC. BB. en Andalucía **(PICBA)**. Siempre nos ha dado muy buen resultado, aunque consideramos que cada lector debe adaptarla a sus condiciones y posibilidades de realización y exposición oral.

Hemos tratado de reflejar nuestras consideraciones acerca de cómo debemos abordar la preparación de la exposición oral, así como una serie de indicaciones y gráficos que han sido valorados muy positivamente por los tribunales en los últimos años.

Los **gráficos** que plasmamos en la pizarra son muy eficaces porque nos ayudan durante la exposición oral. Es preciso ensayarlos muchas veces con unidades distintas para tener más posibilidades de éxito.

En cualquier caso, sacar plaza implica un gran esfuerzo realizado día a día, pero planificando previa y metodológicamente todos los puntos a tener en cuenta.

Por último, deseamos renovar nuestro compromiso en aclarar dudas o contestar sugerencias que nos hagan los lectores. Para ello ponemos a su disposición esta dirección de mail:

oposicionedfisica@gmail.com

BIBLIOGRAFÍA.

BAZARRA, L. y CASANOVA, O. (2016). *La escuela ya no es un lugar*. Arcix. Madrid.

BLÁZQUEZ, D. (2010). *Evaluar en Educación física*. (11ª edición). INDE. Barcelona.

BLÁZQUEZ, D. (coord.) (2016). *Métodos de enseñanza en educación física. Enfoques innovadores para la enseñanza de competencias*. INDE. Barcelona.

BLÁZQUEZ, D. (2017). *Cómo evaluar bien educación física. El enfoque de la evaluación formativa*. INDE. Barcelona.

BLÁZQUEZ, D.; CAPLLONCH, M.; GONZÁLEZ, C.; LLEIXÁ, T.; (2010). *Didáctica de la Educación Física. Formación del profesorado*. Graó. Barcelona.

CAÑIZARES, J. Mª y CARBONERO, C. (2018). *Unidades Didácticas Integradas en Educación Física (UDI). Guía para su realización*. Wanceulen. Sevilla.

CAÑIZARES, J. Mª y CARBONERO, C. (2018). *Temario resumido de oposiciones de Educación Física (LOMCE). Acceso al Cuerpo de Maestros*. Wanceulen. Sevilla.

CAÑIZARES, J. Mª y CARBONERO, C. (2016). *Temario de oposiciones de Educación Física para Primaria. (LOMCE)*. Wanceulen. Sevilla.

CAÑIZARES, J. Mª y CARBONERO, C. (2008). *Programación Didáctica en Educación Física. Guía para su realización*. Wanceulen. Sevilla.

CAÑIZARES, J. Mª (1994). *400 Ejercicios y juegos con conos*. Wanceulen. Sevilla.

CASTAÑO, J. (2006). *Propuesta didáctica para el Área de Educación Física*. Wanceulen. Sevilla.

CHINCHILLA, J. L. y MORENO, J. L. (1999). *Desarrollo curricular de la Educación Física en Primaria*. (Tres tomos). Wanceulen. Sevilla.

CONTRERAS, O. y CUEVAS, R. (2011). *Las Competencias Básicas desde la Educación Física*. INDE, Barcelona.

CONTRERAS, R.O.; ARIBAS, S.; GUTIÉRREZ, D. (2017). *Didáctica de la Educación Física por modelos para Educación Primaria*. Síntesis. Madrid.

DEL VALLE, S. y GARCÍA, M. J. (2007). *Cómo programar en educación física paso a paso*. INDE. Barcelona.

GIJÓN, J. y BINABURU, J. A. (2007). *Cómo elaborar unidades didácticas en secundaria*. Fundación Ecoem. Sevilla.

GONZÁLEZ, A. (2007). *Planteamiento globalizado para Educación Primaria. La Bicicleta*. Wanceulen. Sevilla

JUNTA DE ANDALUCÍA (2007). *Ley 17/2007, de 10 de diciembre, de Educación de Andalucía (L. E. A.)*. B. O. J. A. nº 252, de 26/12/07.

JUNTA DE ANDALUCÍA (2015). *Orden de 17 de marzo de 2015, sobre el currículo de Primaria en Andalucía*. BOJA nº 60 de 27/03/2015.

JUNTA DE ANDALUCÍA (2015). *Decreto 97/2015, de 3 de marzo, sobre la ordenación del currículo de Primaria en Andalucía.* BOJA nº 50 de 13/013/2015.

JUNTA DE ANDALUCÍA (2017). CEJA, D. G. de Participación y Equidad. *Instrucciones 08-03-2017. Actualización protocolo alumnado NEAE.*

JUNTA DE ANDALUCÍA (2017). *Ley 4/2017, de 25 de septiembre, de los Derechos y la Atención a las Personas con Discapacidad en Andalucía.* BOJA nº 191 de 04/10/2017.

LLEIXÁ, T. y SEBASTIANI, E. (2016). *Competencias Clave y Educación Física.* INDE. Barcelona.

M.E.C. (2013). *Ley Orgánica 8/2013, de 9 de diciembre, para la mejora de la calidad educativa.* BOE Nº 295, de 10/12/2013.

M.E.C. (2014). *R. D. 126/2014, de 28 de febrero, por el que se establece el currículo básico de la Educación Primaria.* B.O.E. nº 52, de 01/03/2014.

M. E. C. (2006). *Ley Orgánica 2/2006, de 3 de mayo, de Educación (L. O. E.).* B. O. E. nº 106, de 04/05/2006, modificada en algunos artículos por la LOMCE/2013.

M. E. C. (2015). *Orden ECD/65/2015, de 21 de enero, por la que se describen las relaciones entre las competencias, los contenidos y los criterios de evaluación de educación primaria.* B. O. E. nº 25, de 29/01/2015.

M.E.C. y M. de Sanidad. (2009) *Ganar en salud en la escuela. Guía para conseguirlo.* Madrid.

MAZÓN, V., -Coord.- (2011). *Programación de la Educación Física basada en competencias. Primaria.* (Varios tomos). INDE. Barcelona.

MIRAFLORES, E. y MARTÍN, G. (2014). *Cómo programar la Educación Física en Primaria. Desarrollo de una programación docente.* CCS. Madrid.

RODRÍGUEZ GALLEGO, M. (2001). *Diseño de Unidades Didácticas en Educación Primaria.* En HERVÁS, C. y RODRÍGUEZ, J. (coords.) *Cómo elaborar Unidades Didácticas.* FETE-UGT. Sevilla.

VICIANA, J. (2002). *Planificar en Educación Física.* INDE. Barcelona.

ZAGALAZ, Mª L.; CACHÓN, J.; LARA, A. (2014). *Fundamentos de la programación de Educación Física en Primaria.* Síntesis. Madrid.

WEBGRAFÍA.

https://sites.google.com/site/picbaccbbandalucia/

http://revistaeco.cepcordoba.org/wp-content/uploads/2017/04/Fernandezcompleto.pdf

http://colemigueldecervantes.es/profesorado/profesorado/CursoCompetencias/PresentacionM3.pdf

http://comclave.educarex.es/mod/folder/view.php?id=343

https://anele.org/jornada-anele2014/
http://www.juntadeandalucia.es/averroes/centros-tic/04003721/helvia/sitio/upload/UDI_1._QUINTO.pdf

https://www.edudactica.es/Docus/Recursos/Programacion%20de%20una%20UDI.pdf

http://proyectocomba.blogspot.com.es

https://www.edu.xunta.gal/centros/cpiatios/aulavirtual2/pluginfile.php/6197/mod_resource/content/0/EXPLICACION_UDI.pdf

http://www.educaguia.com

http://www.juntadeandalucia.es/educacion/descargasrecursos/curriculo-primaria/pdf/PDF/textocompleto.pdf

http://centros6.pntic.mec.es/cea.pablo.guzman/ccnaturales/programaciones.htm

http://revistas.lasalle.edu.co/index.php/co/article/view/2374

http://mestreacasa.gva.es/c/documentlibrary/getfile?folderId=500015070659&name=DLFE-953475.pdf

http://www.tareasccbb.es/tareas/

https://es.slideshare.net/ceipduquesadelavictoria/proceso-elaboracion-udi

https://es.slideshare.net/cursotdah/udi-48256292?qid=f709c920-dd32-4513-a9e5-46705174e1ec&v=&b=&fromsearch=54

https://evaluareneducacionprimaria.wordpress.com

https://ruc.udc.es/dspace/

https://uvadoc.uva.es/bitstream/10324/16018/1/TFG-L1135.pdf

http://www.primaria.profes.net/programaciones2.asp

http://www.indexnet.santillana.es/scripts/indexnet/primaria/iBien.asp

http://www.anayaeducacion.com/menu.html?nav=2

http://www.edelvives.es/recursos/programaciones.php

http://www.educaguia.com

http://www.maestroteca.com/browse.php3?cat=3

http://www.educacion-fisica.es.vg/

http://w3.cnice.mec.es/recursos/pagprof/educacionfisica.htm

www.ingramcontent.com/pod-product-compliance
Lightning Source LLC
Chambersburg PA
CBHW081136170426
43197CB00017B/2875